COLOR IT.

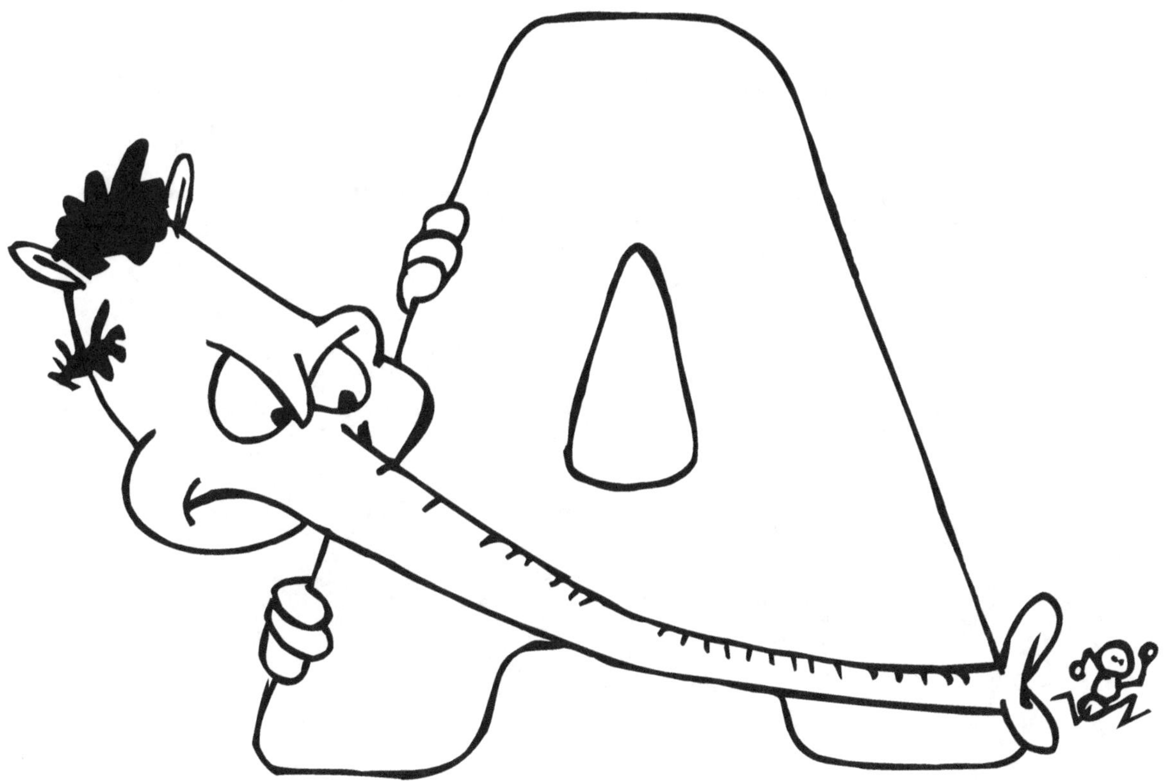

TRACE IT.

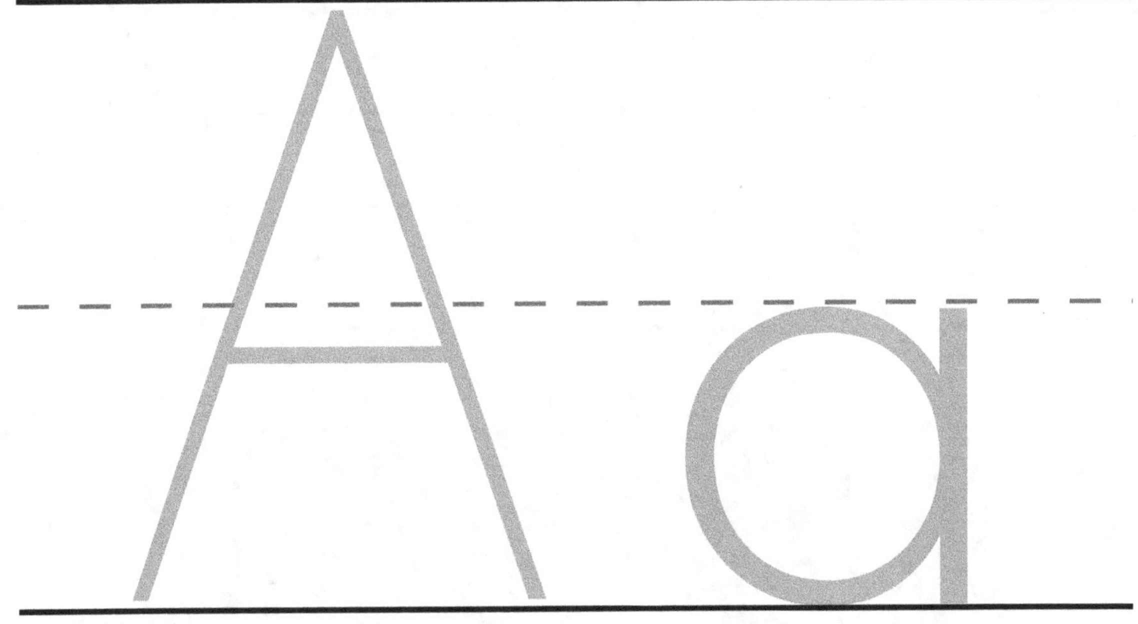

A A A A A A A

A A A A A A A

A A A A A A A

A A A A A A A

A A A A A A A

A A A A A A A

a a a a a a a

a a a a a a a

a a a a a a a

a a a a a a a

a a a a a a a

COLOR IT.

TRACE IT.

Bb

B B B B B B B

B B B B B B B

B B B B B B B

B B B B B B B

B B B B B B B

B B B B B B B

b b b b b b b

b b b b b b b

b b b b b b b

b b b b b b b

b b b b b b b

b b b b b b b

COLOR IT.

TRACE IT.

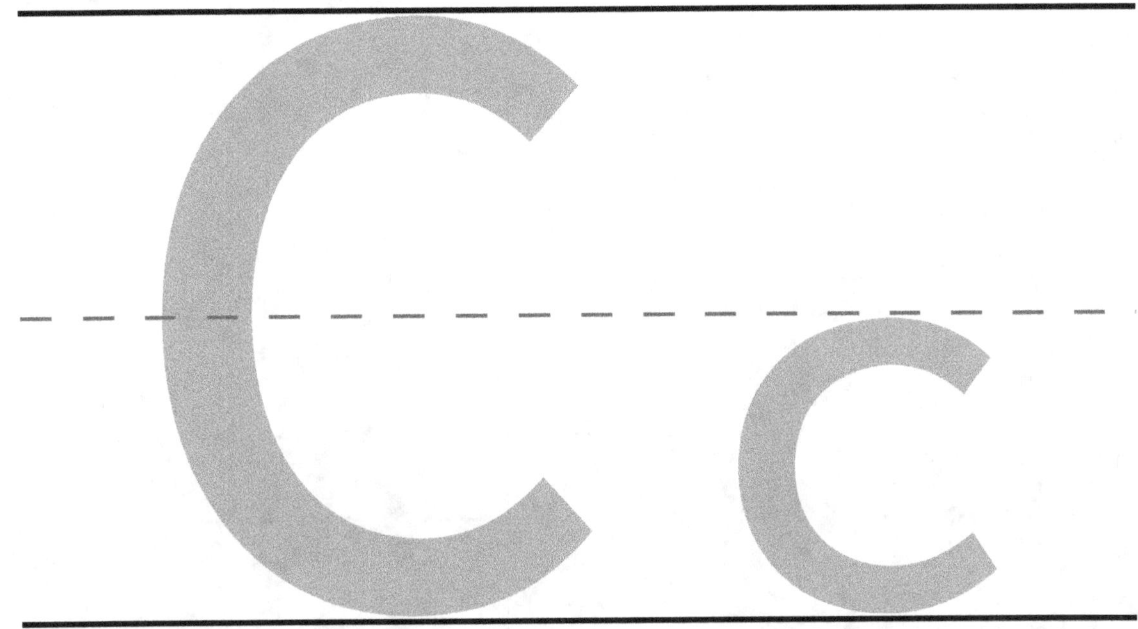

c c c c c c c

c c c c c c c

c c c c c c c

c c c c c c c

c c c c c c c

c c c c c c c

c c c c c c c

c c c c c c c

c c c c c c c

c c c c c c c

c c c c c c c

c c c c c c c

COLOR IT.

TRACE IT.

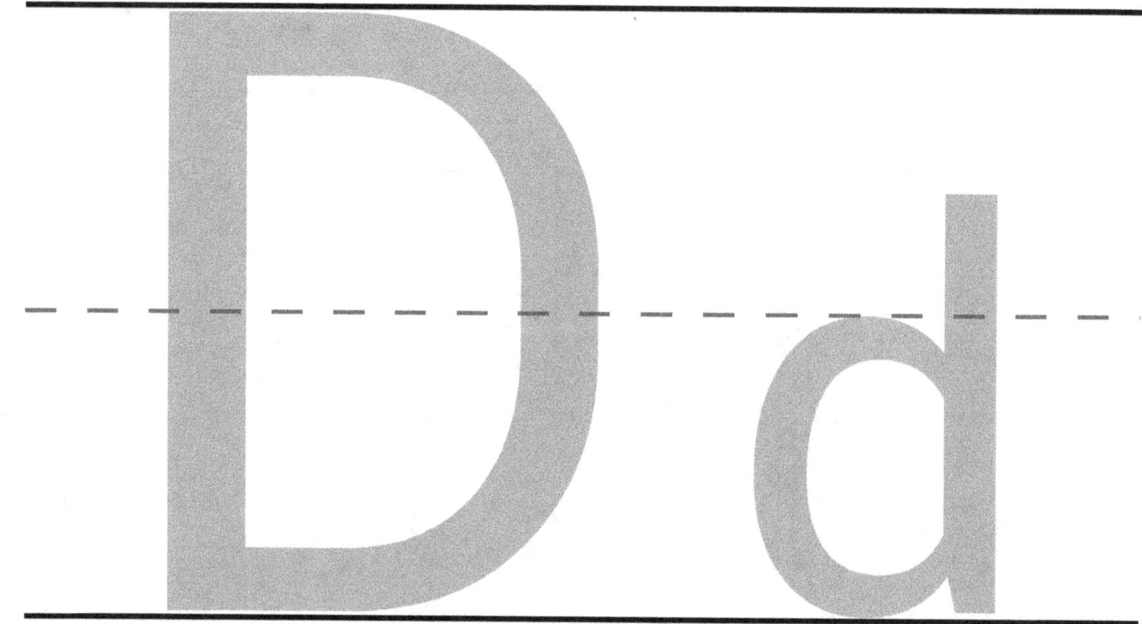

COLOR IT.

TRACE IT.

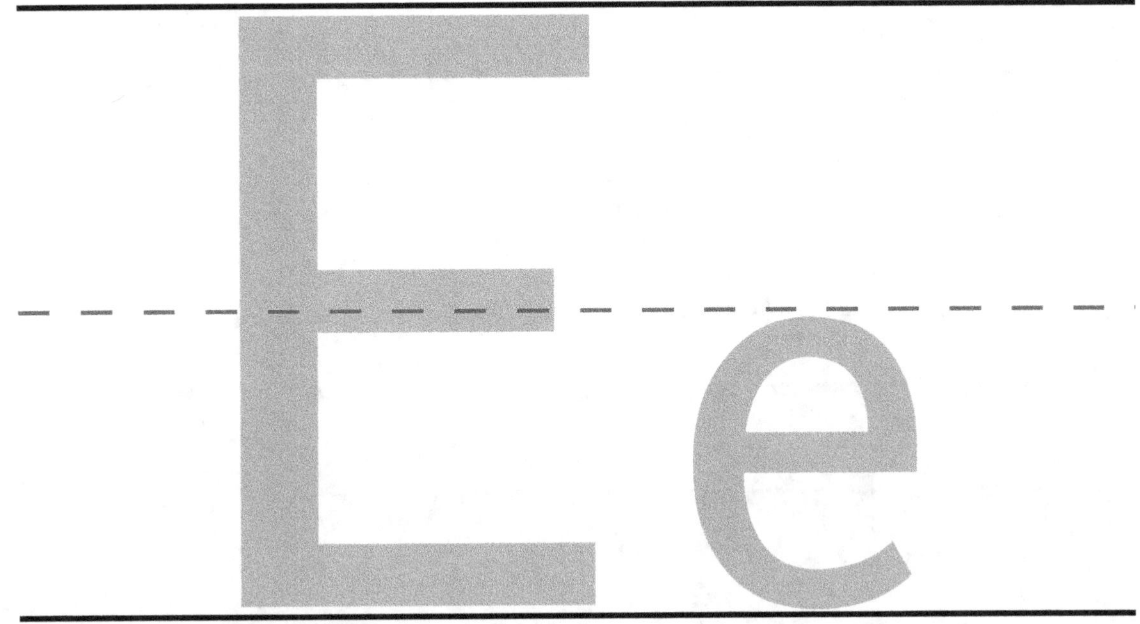

[illegible]

e e e e e e e

e e e e e e e

e e e e e e e

e e e e e e e

e e e e e e e

e e e e e e e

COLOR IT.

TRACE IT.

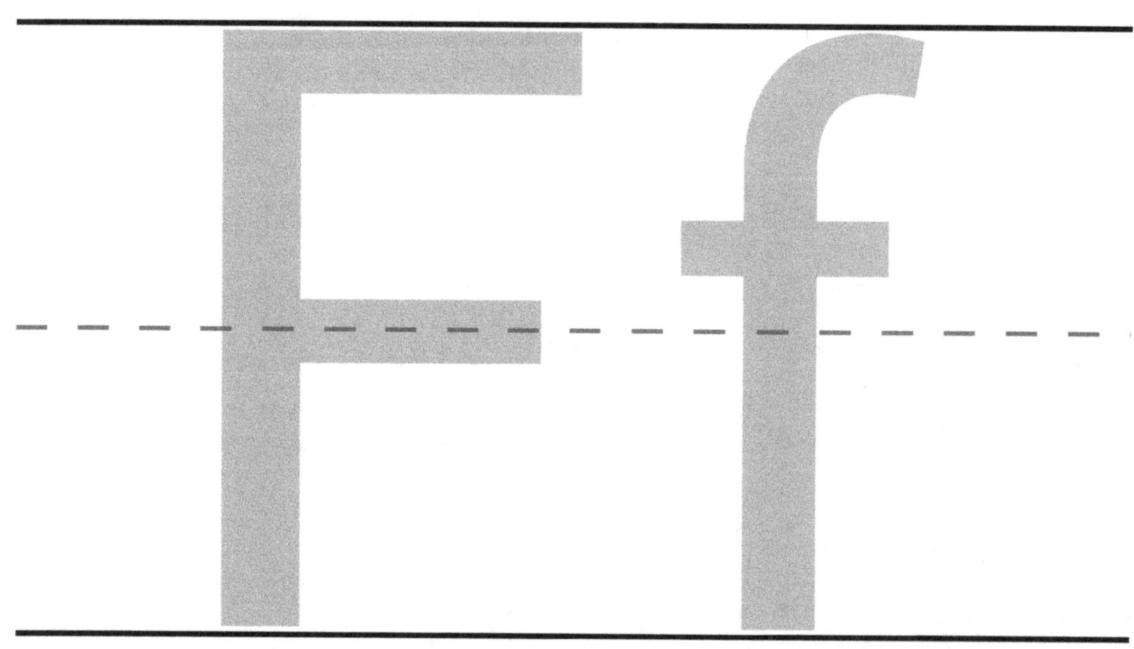

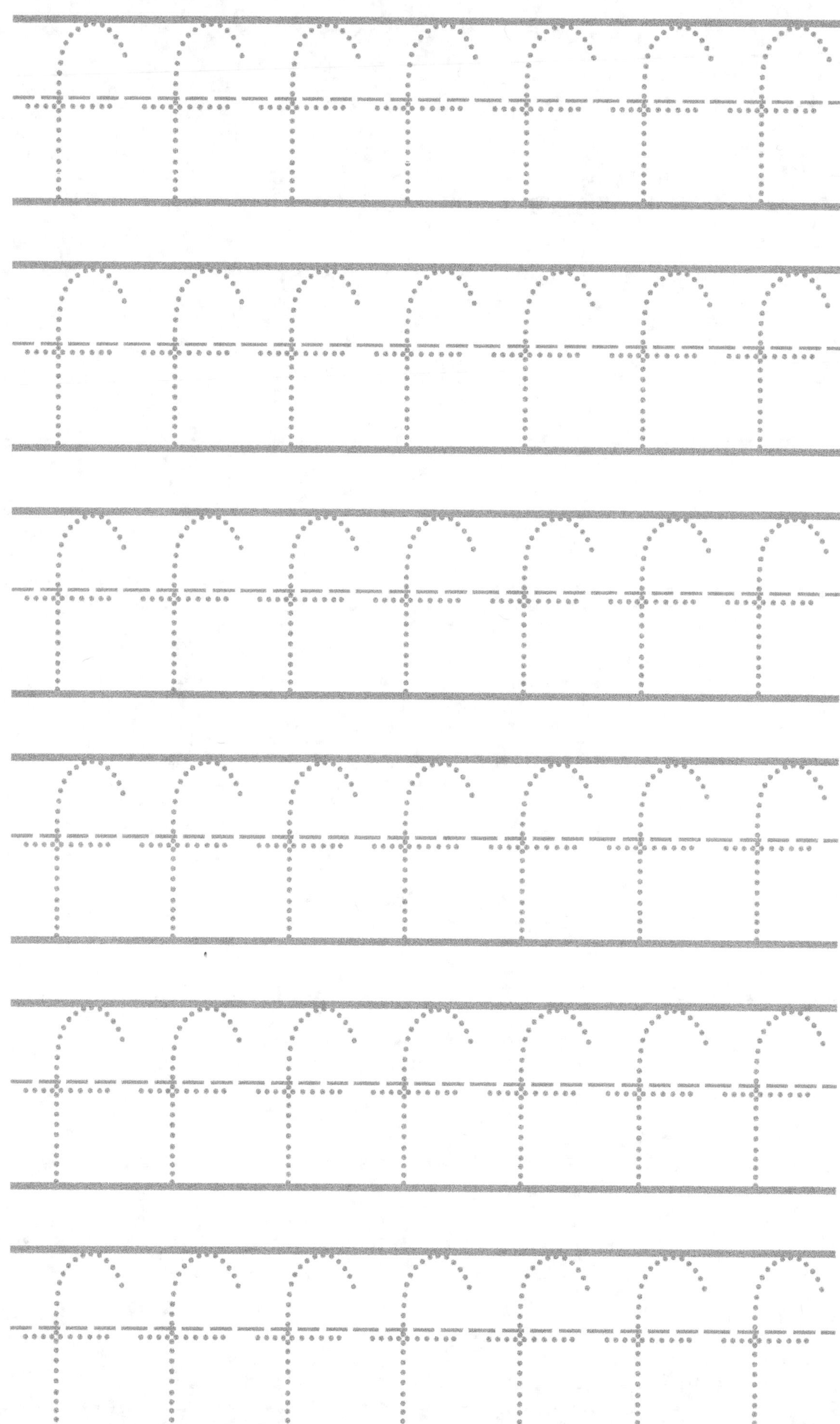

COLOR IT.

TRACE IT.

G G G G G G G

G G G G G G G

G G G G G G G

G G G G G G G

G G G G G G G

G G G G G G G

g g g g g g g

g g g g g g g

g g g g g g g

g g g g g g g

g g g g g g g

COLOR IT.

TRACE IT.

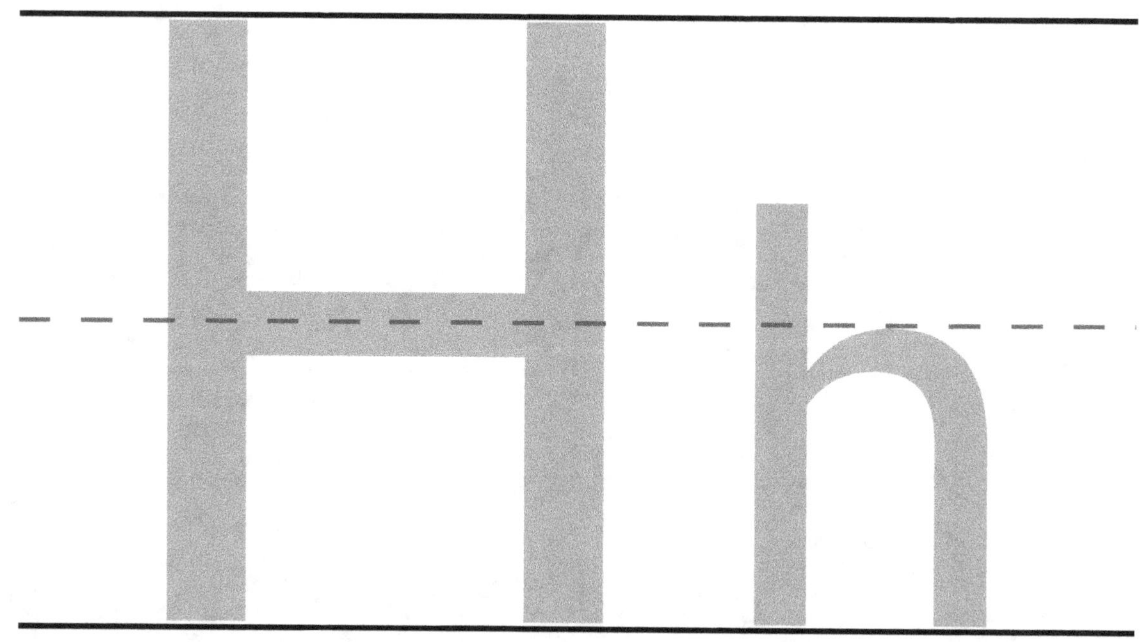

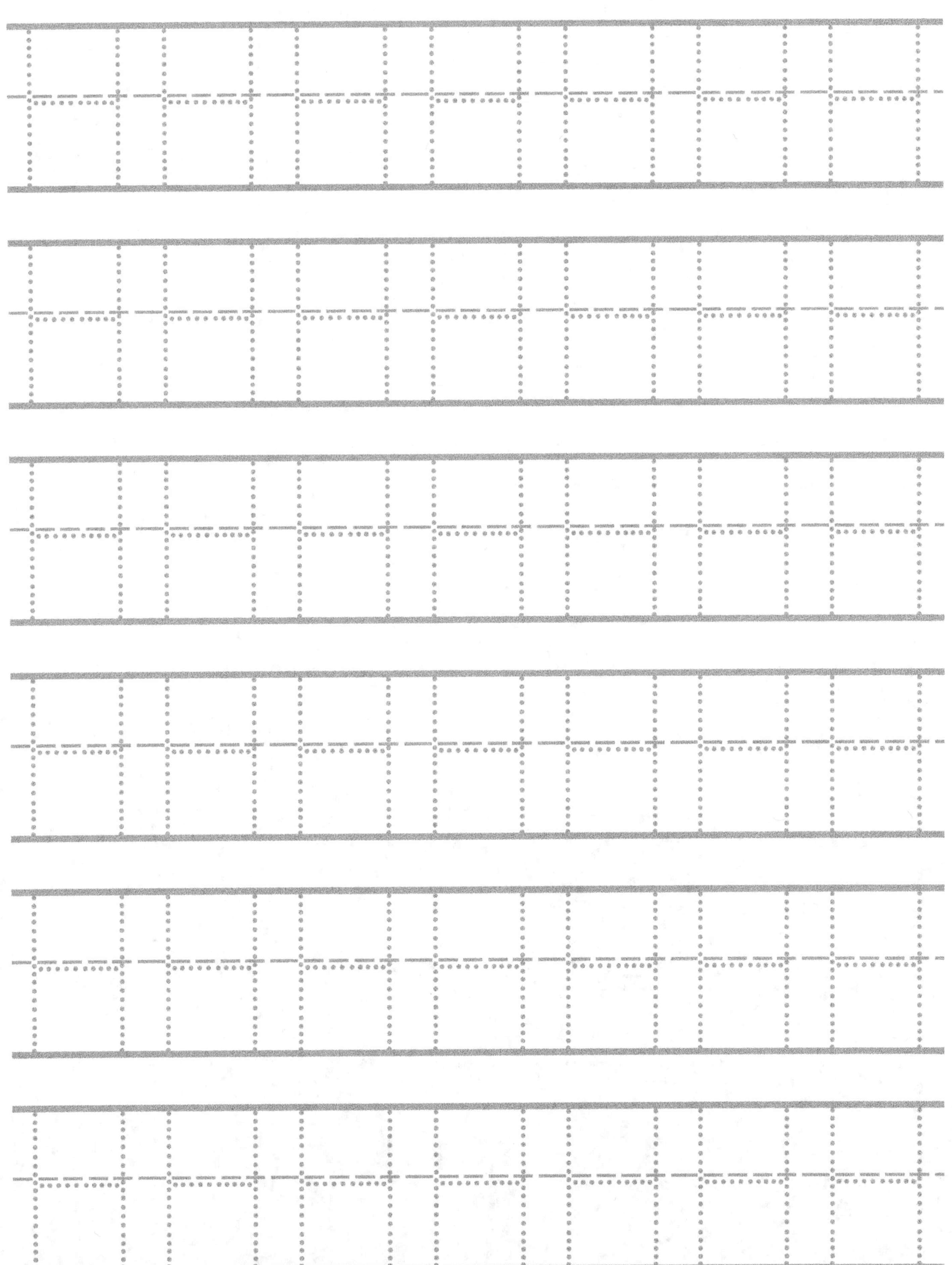

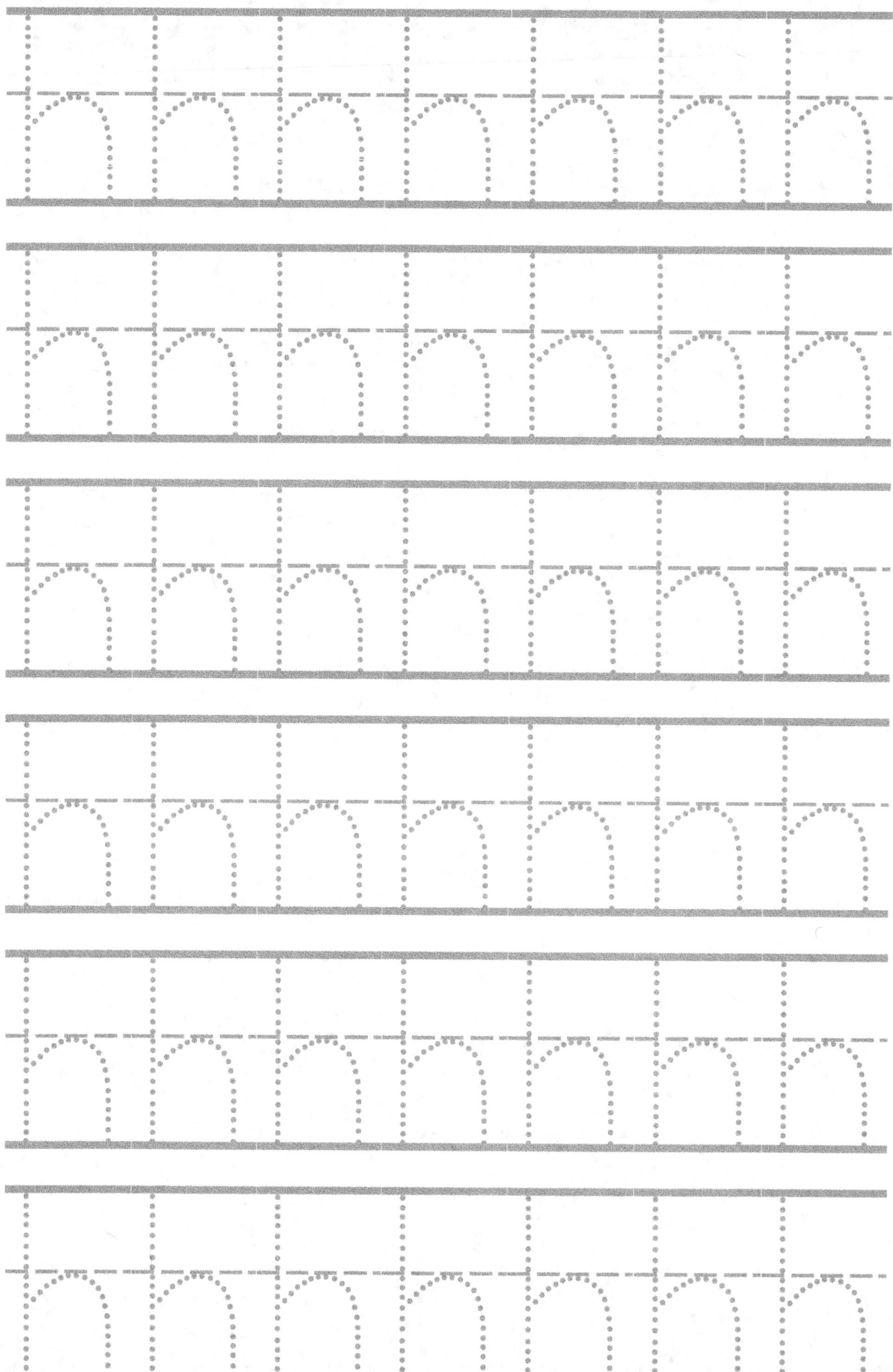

COLOR IT.

TRACE IT.

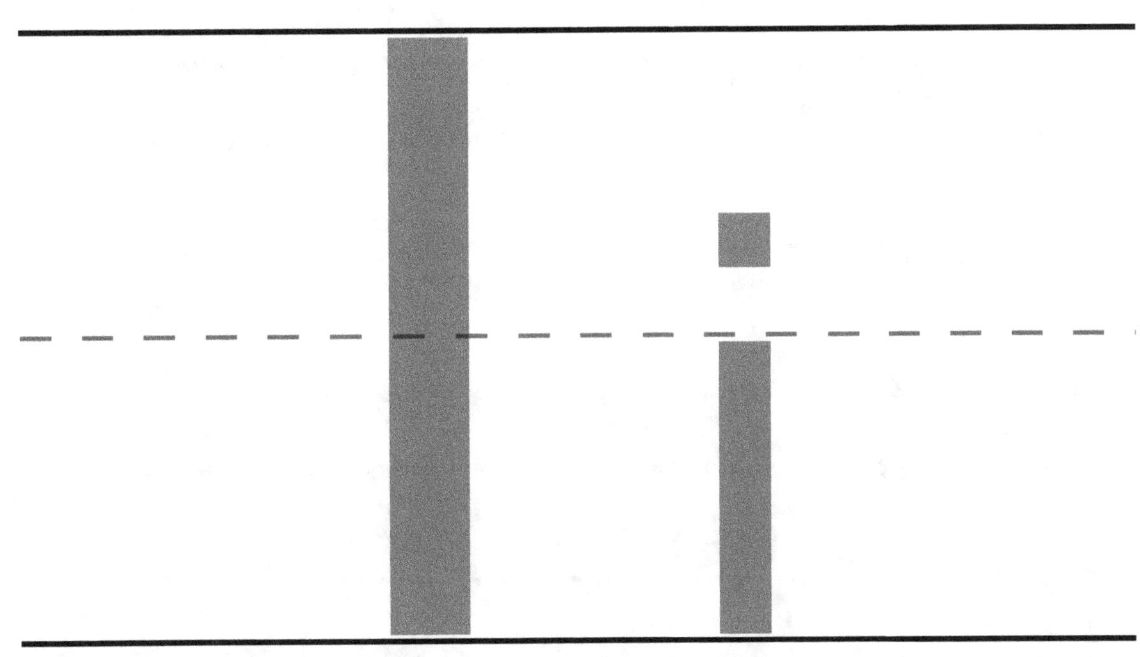

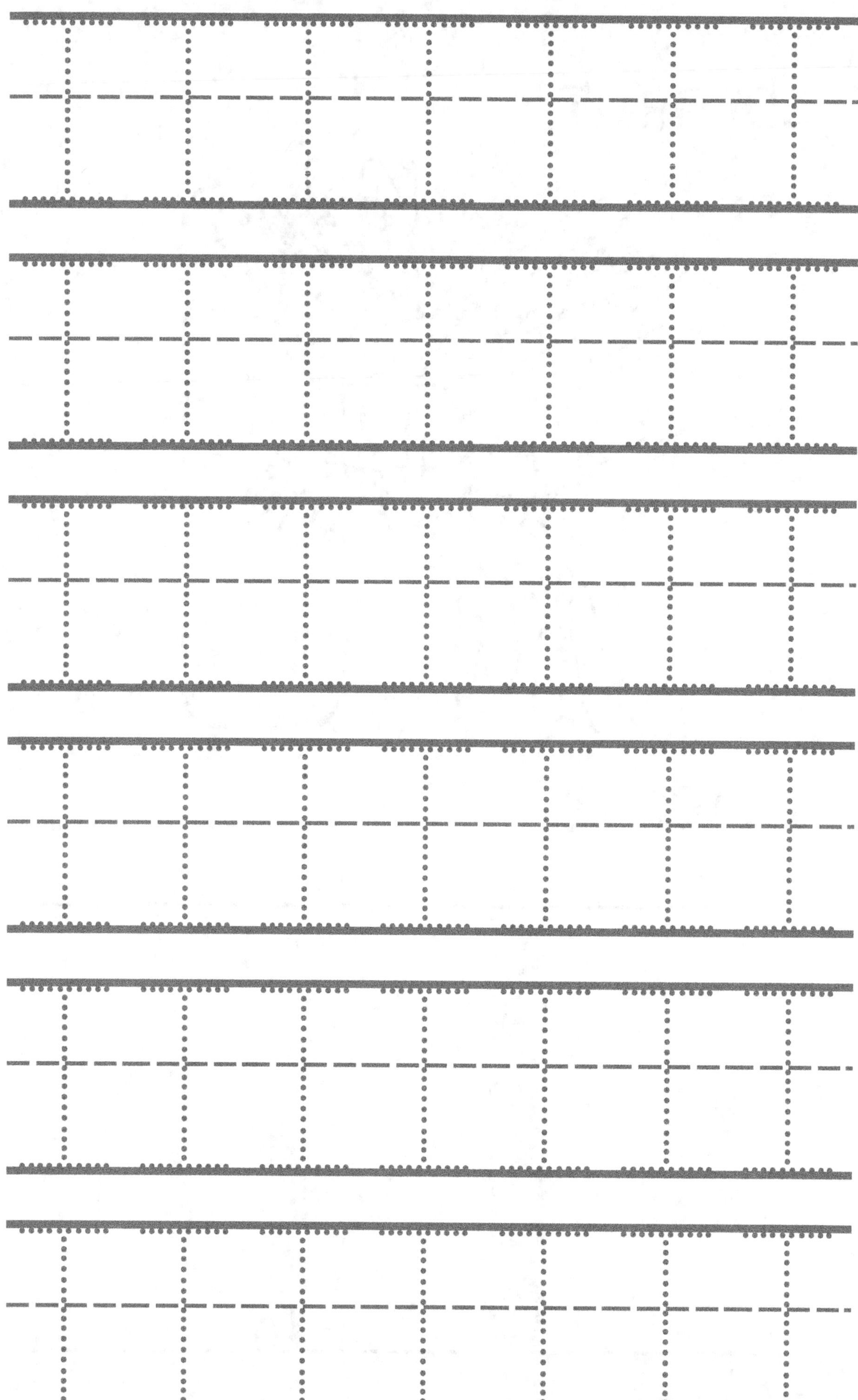

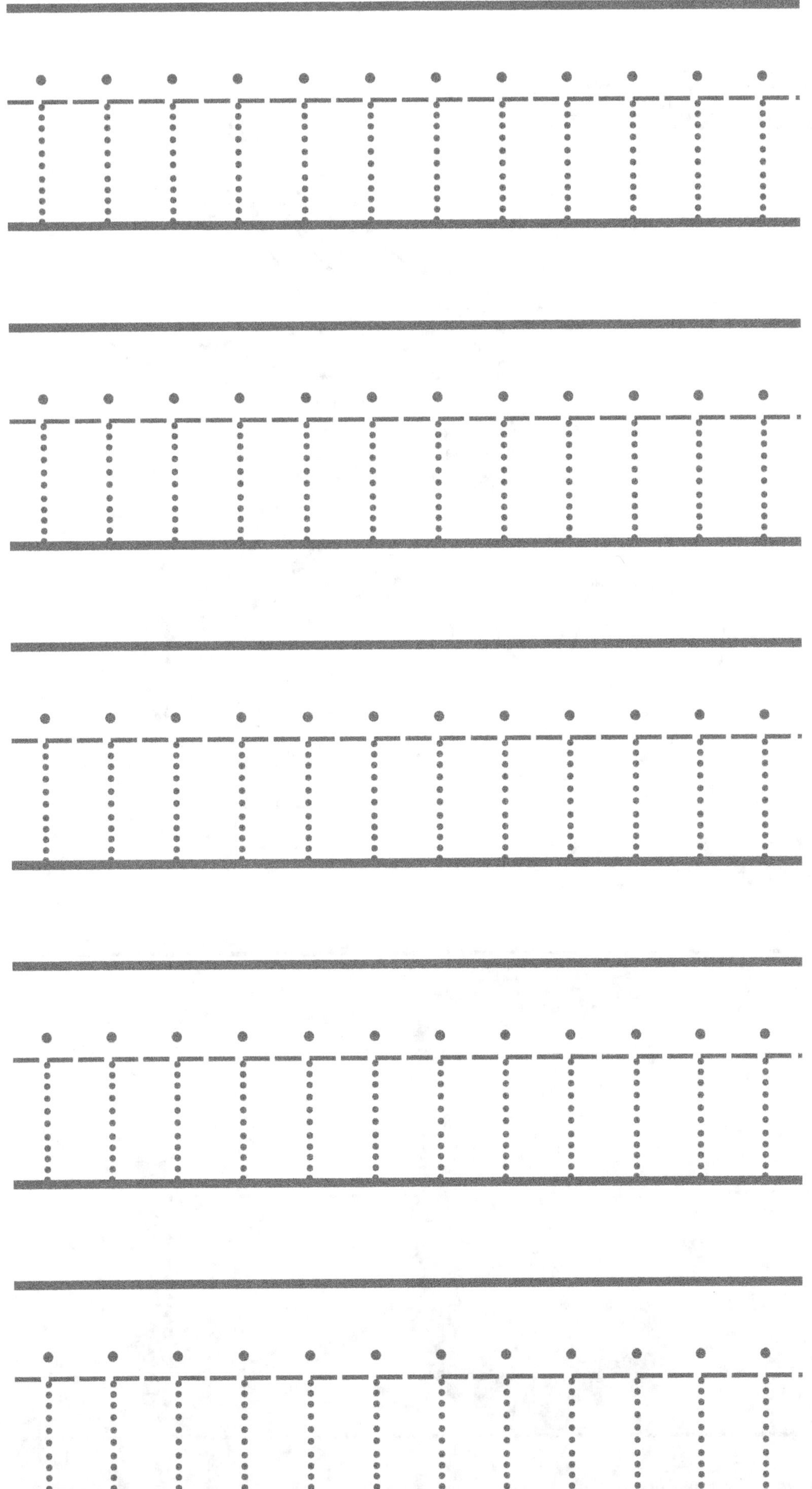

COLOR IT.

TRACE IT.

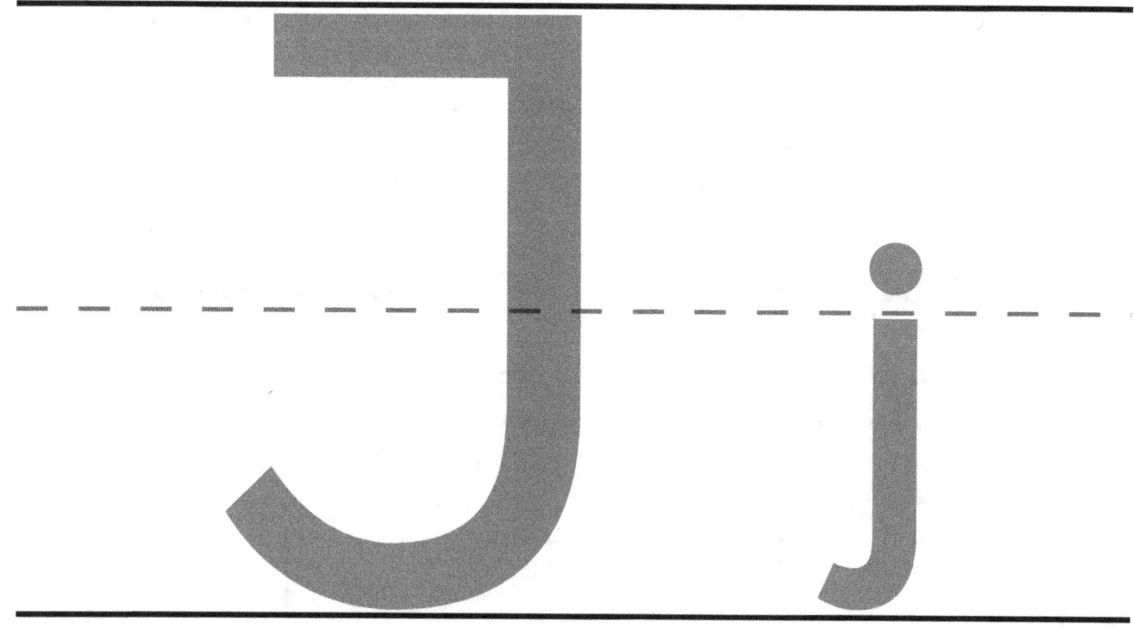

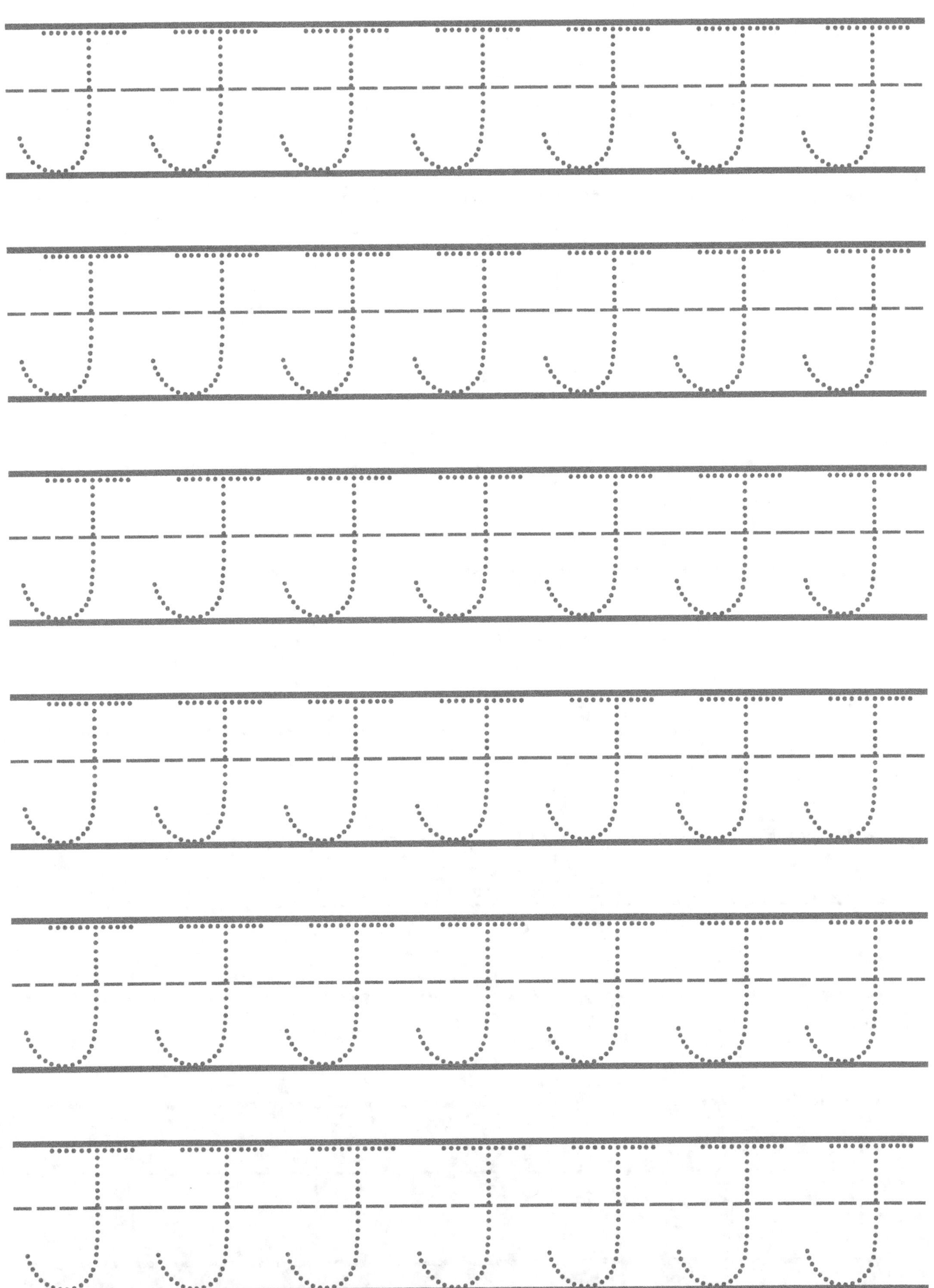

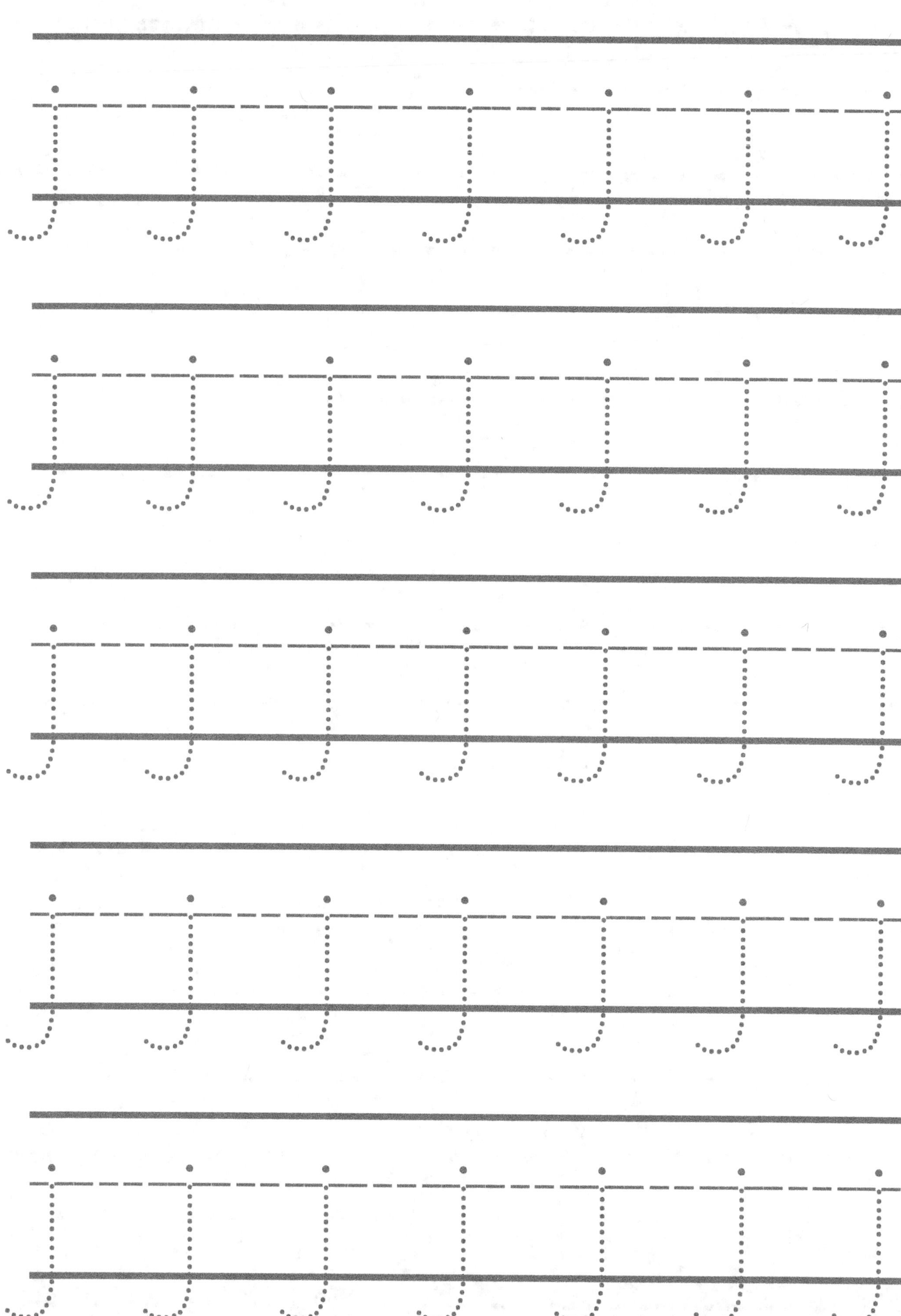

COLOR IT.

TRACE IT.

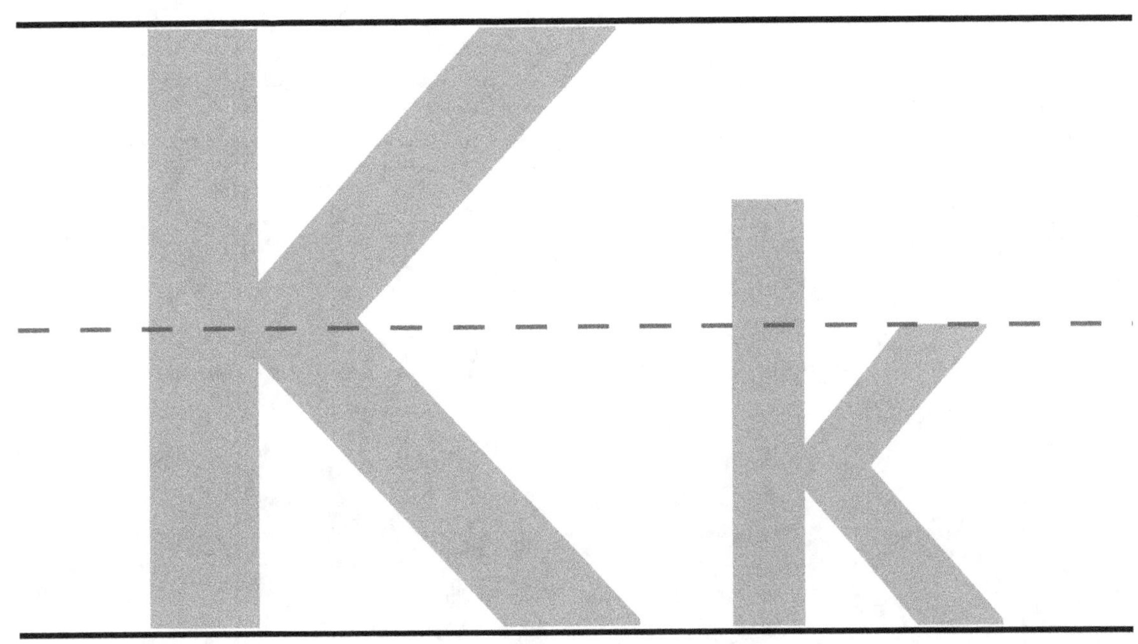

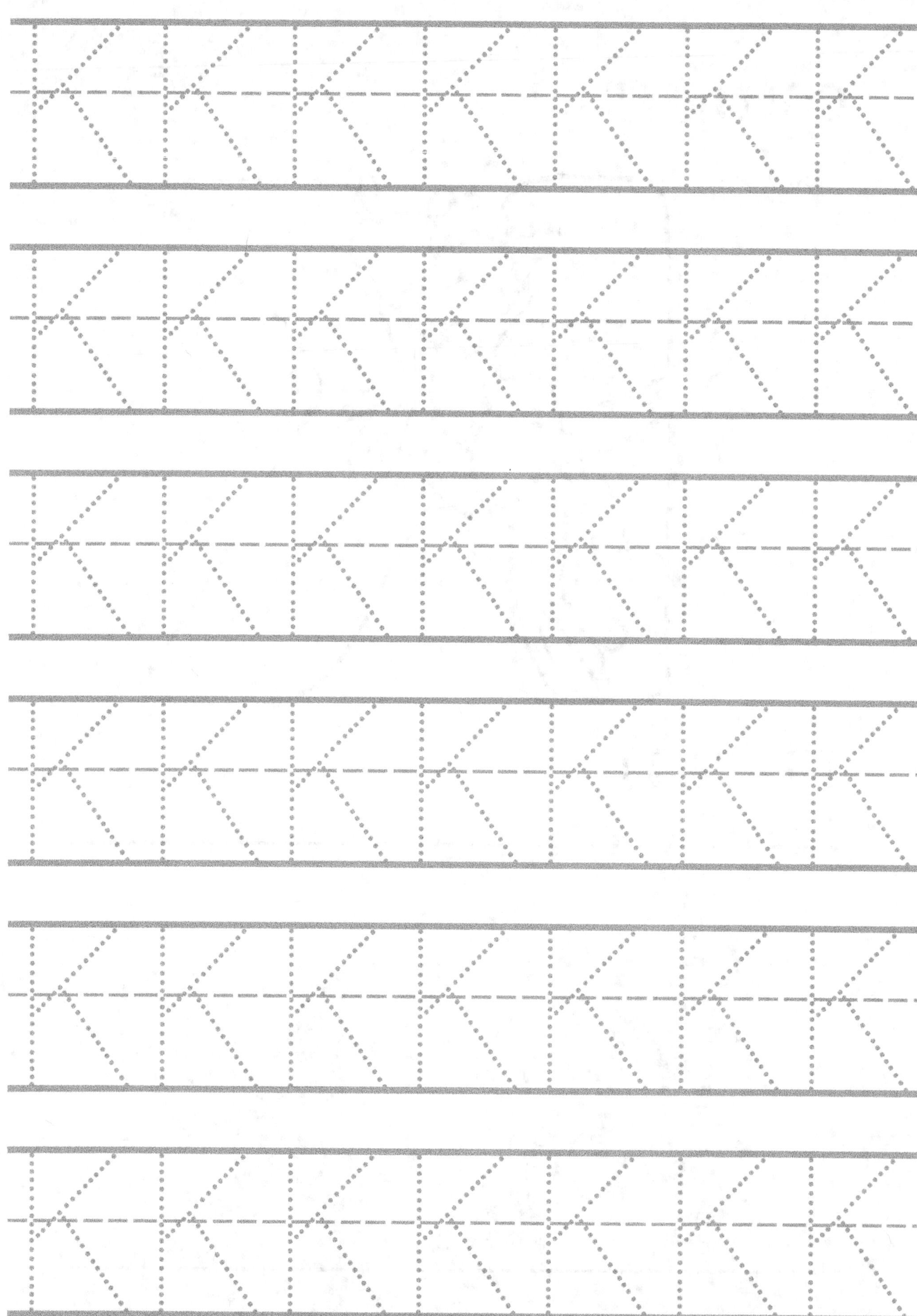

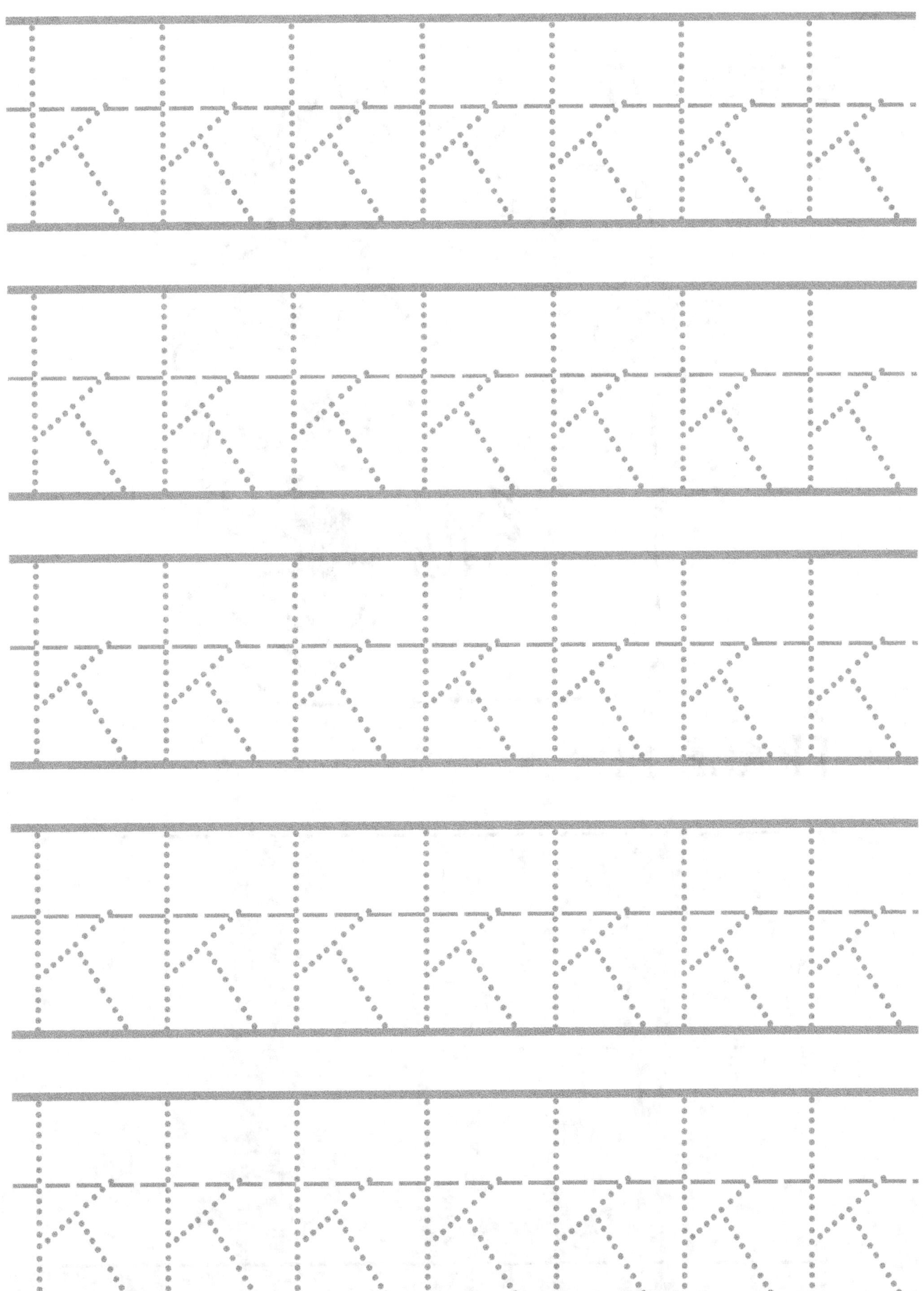

COLOR IT.

TRACE IT.

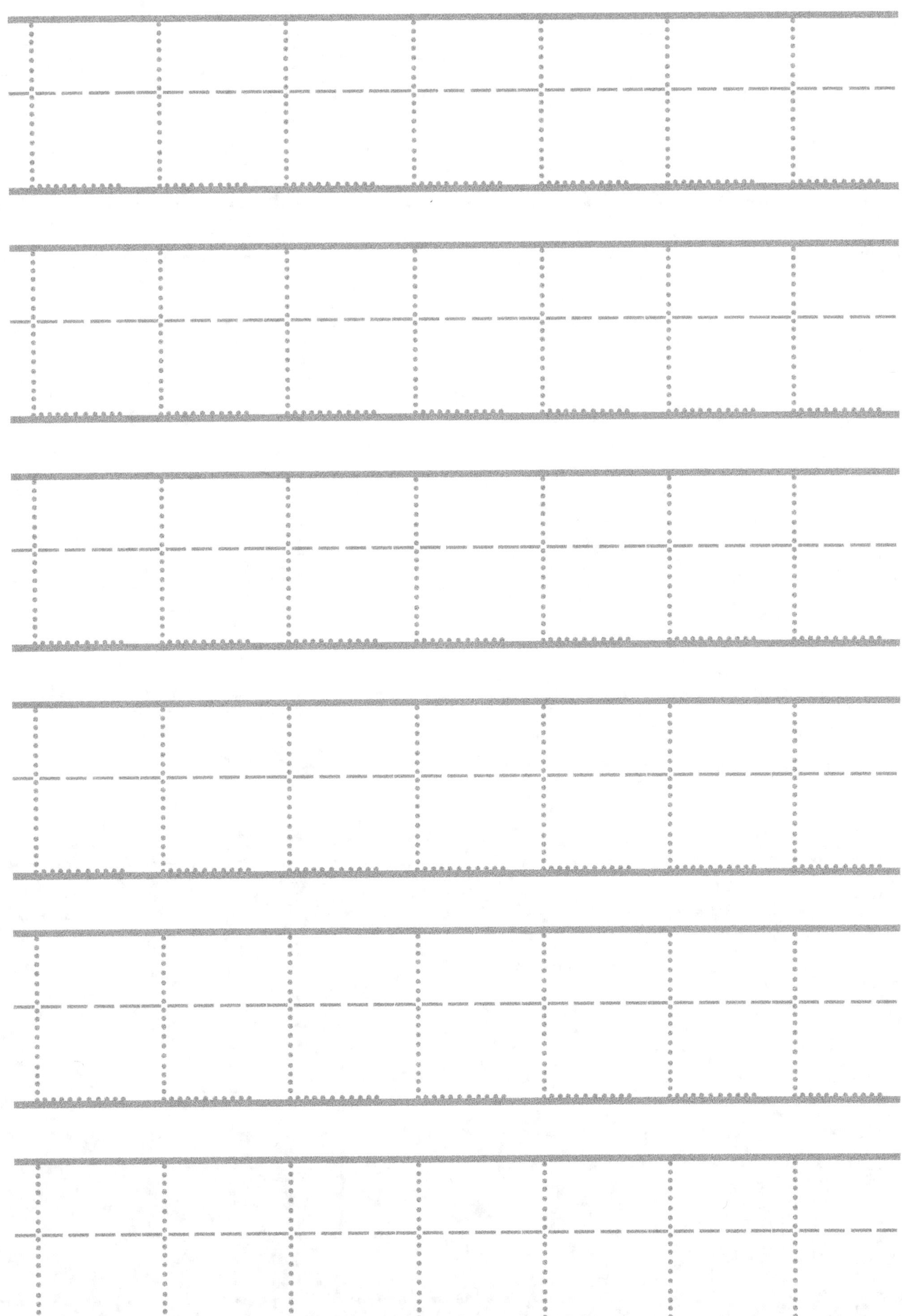

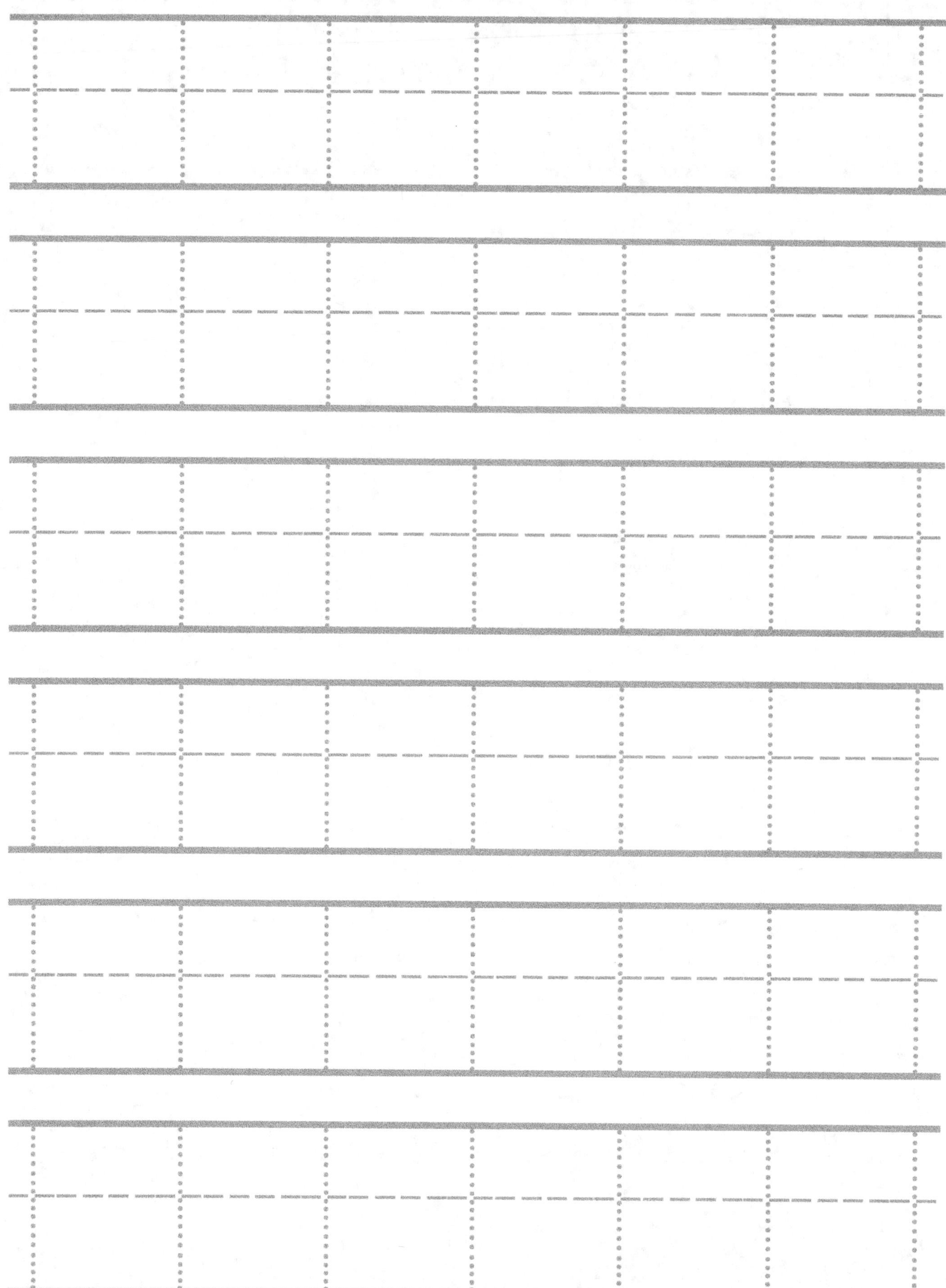

COLOR IT.

TRACE IT.

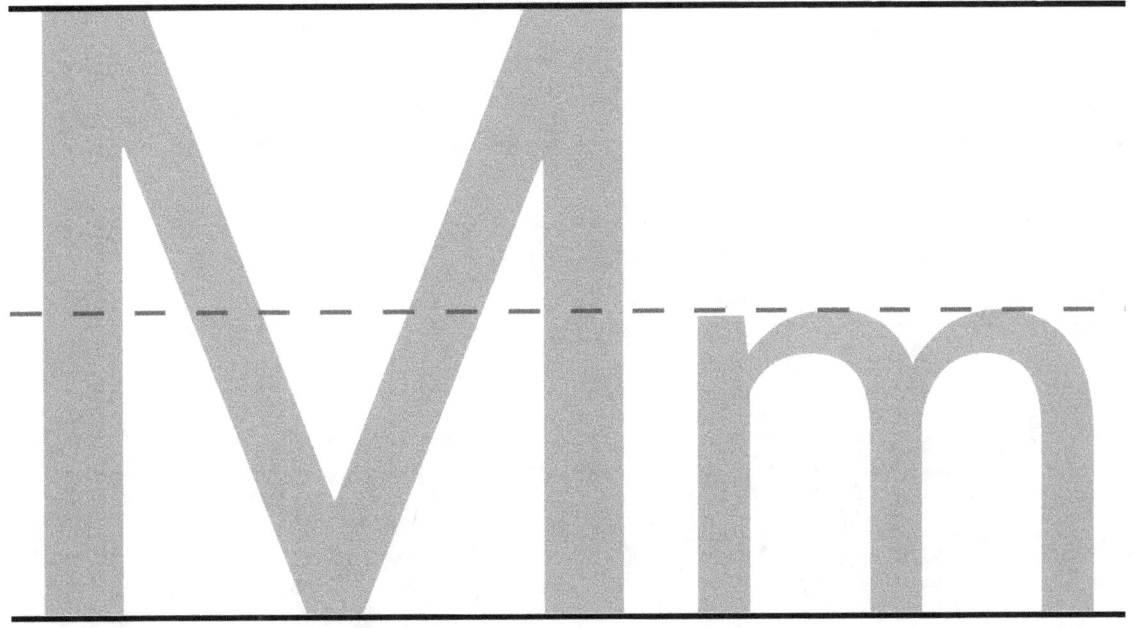

A A A A A A A A A A A A

A A A A A A A A A A

A A A A A A A A A A A

A A A A A A A A A A

A A A A A A A A A A A

A A A A A A A A A A A

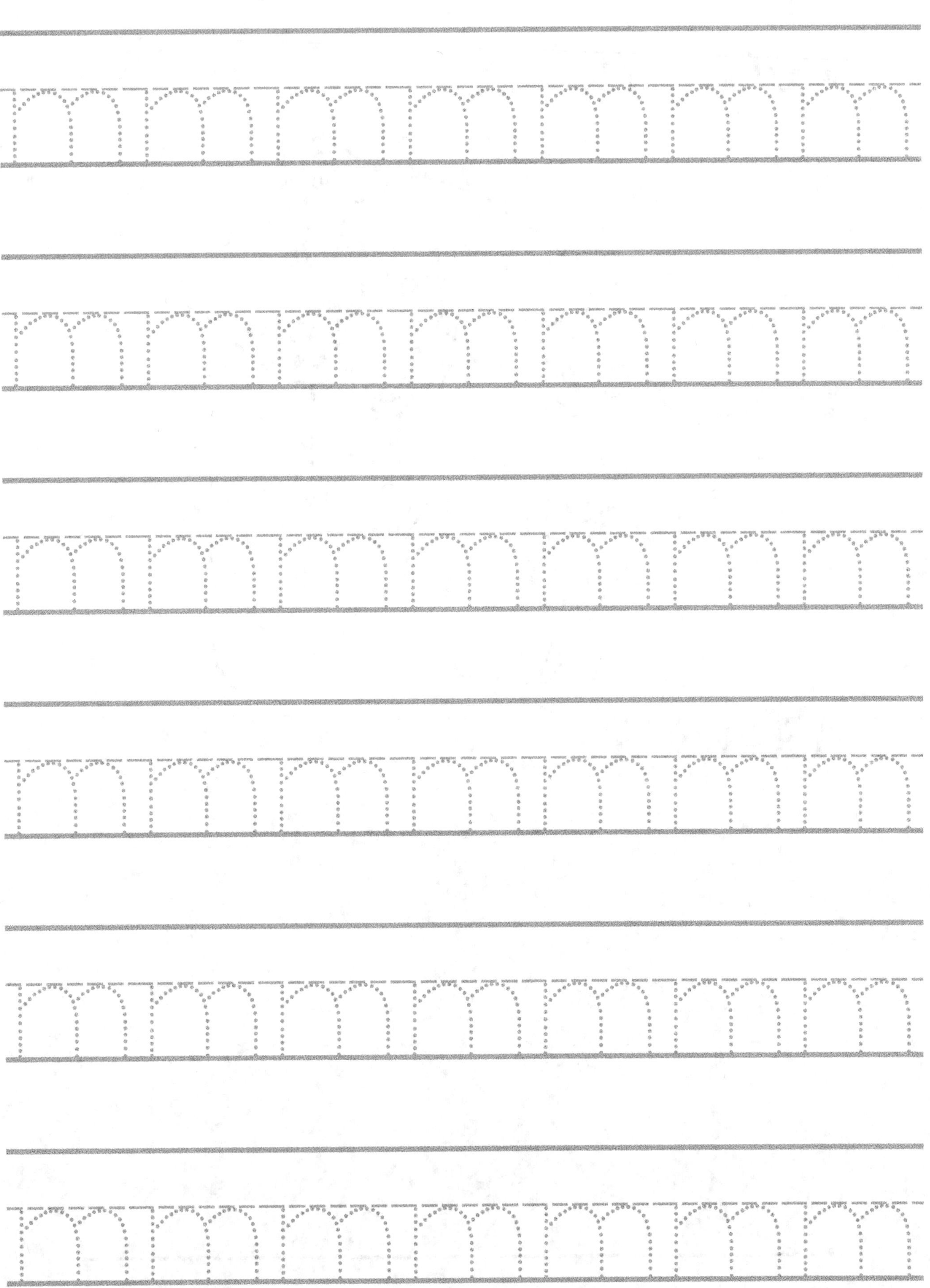

COLOR IT.

TRACE IT.

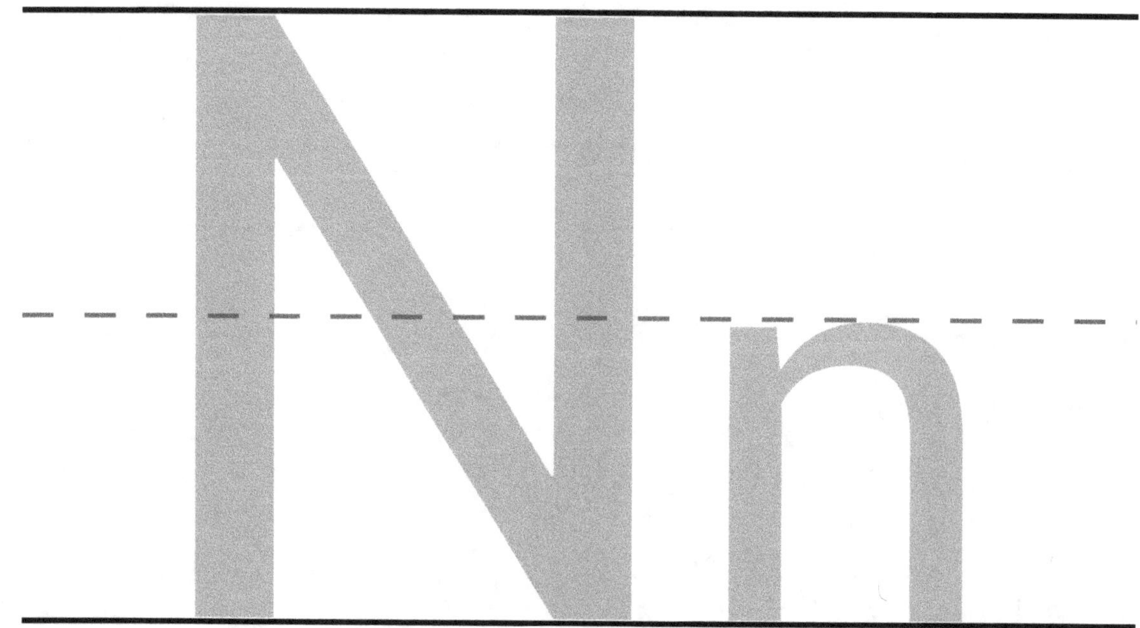

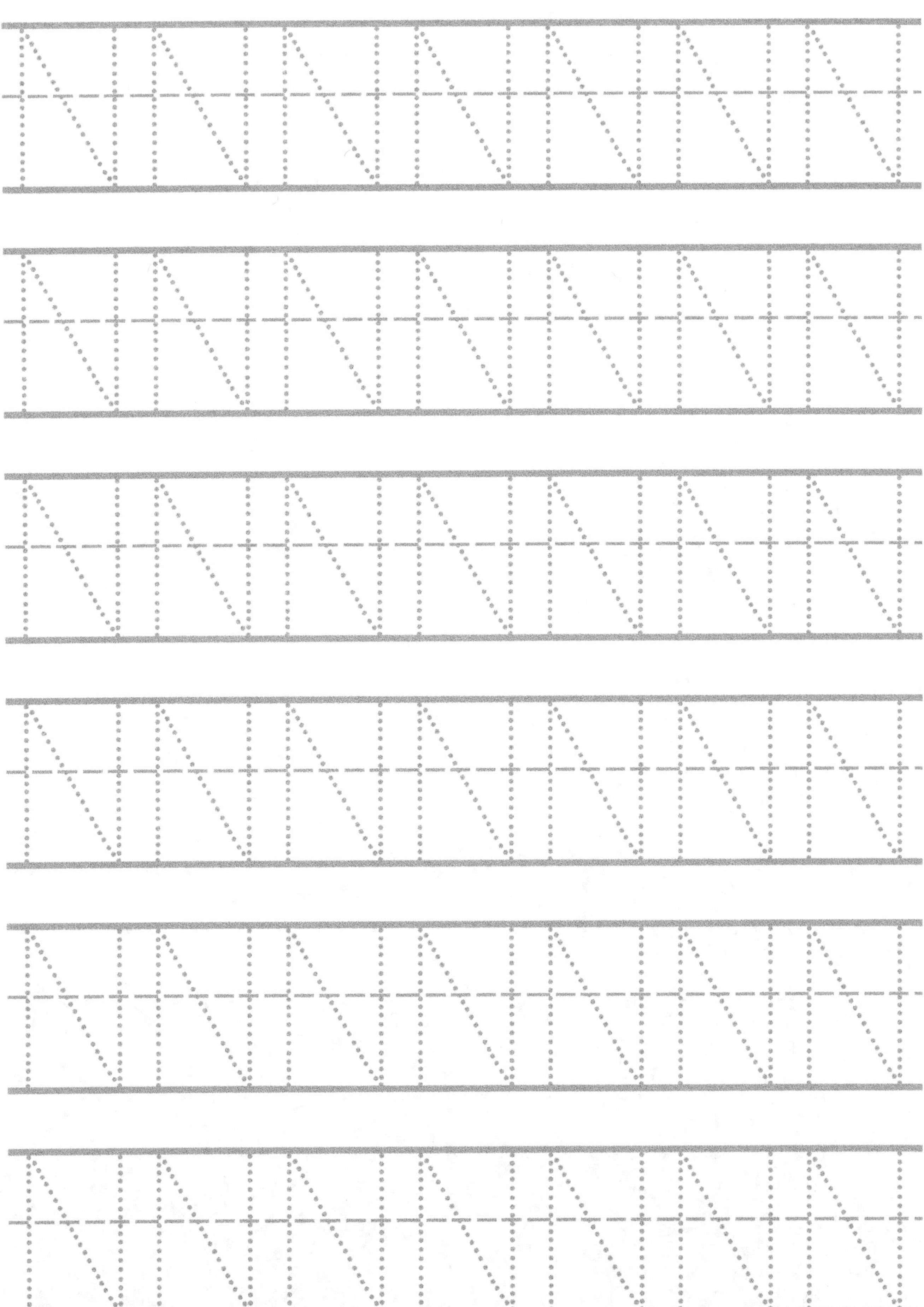

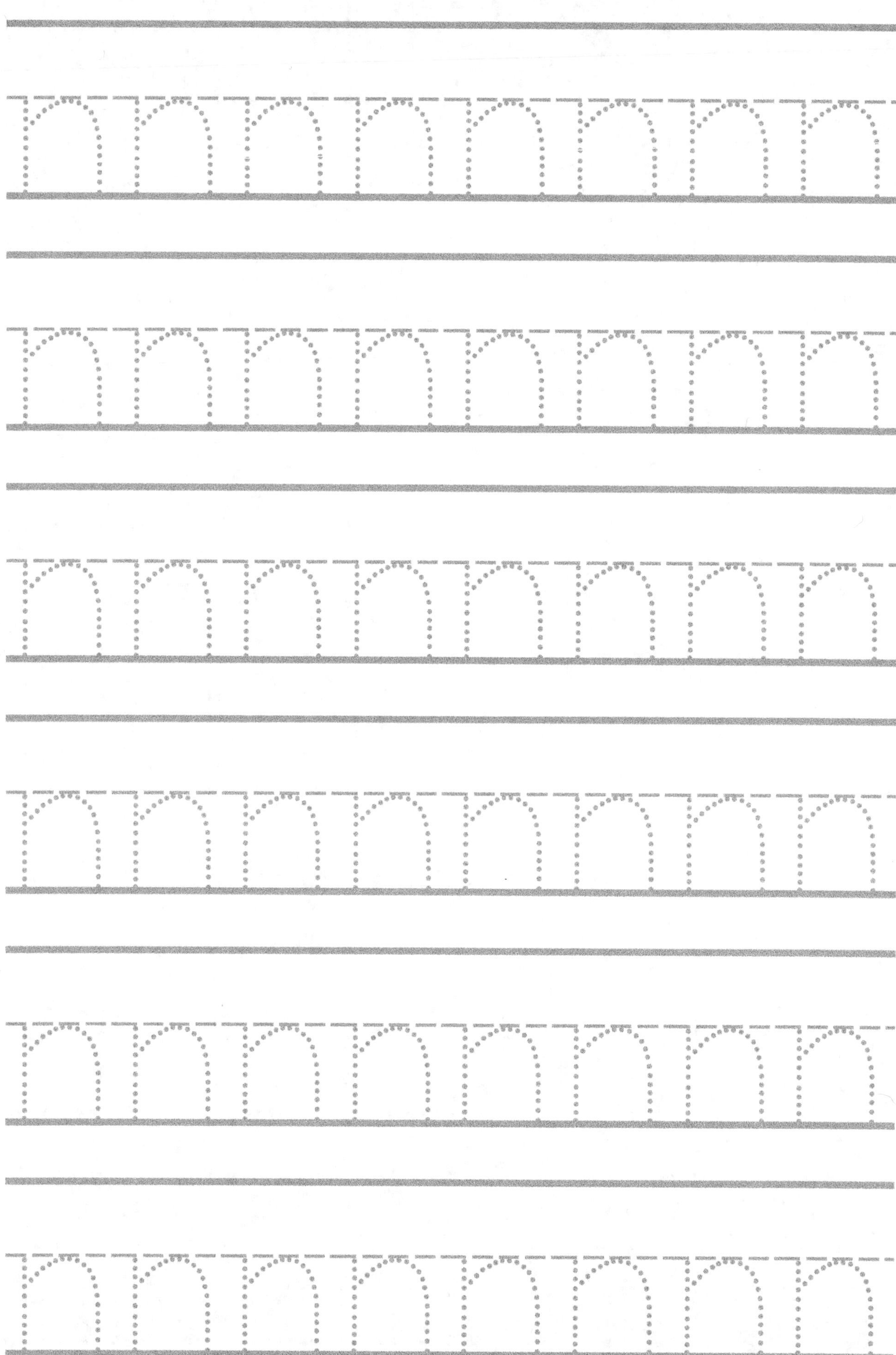

COLOR IT.

TRACE IT.

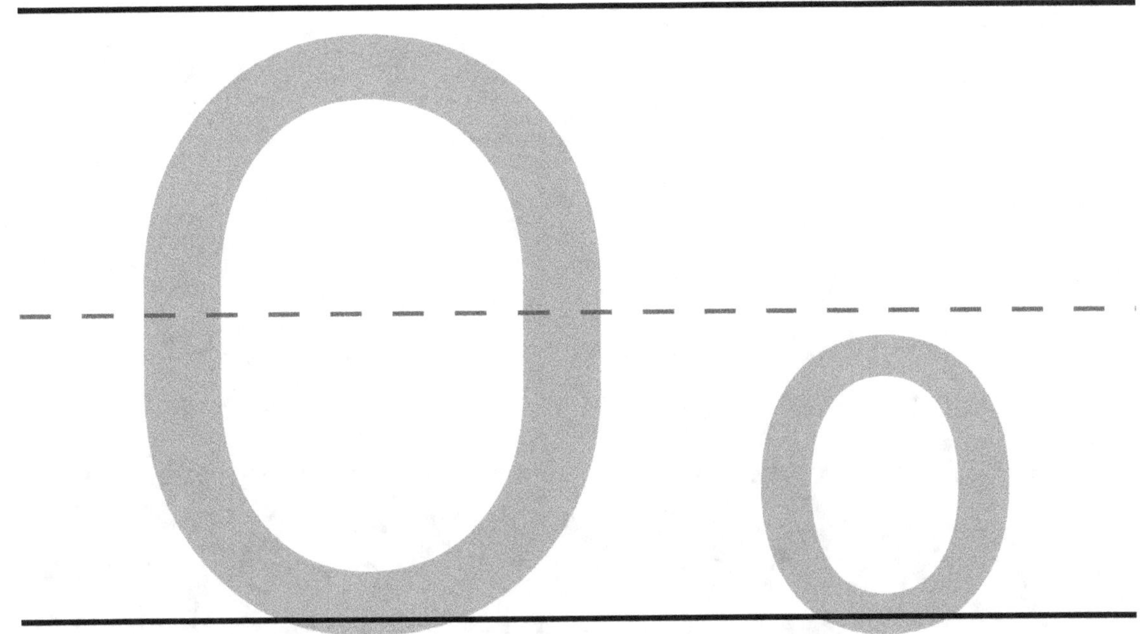

COLOR IT.

TRACE IT.

P p

P P P P P P P

P P P P P P P

P P P P P P P

P P P P P P P

P P P P P P P

P P P P P P P

P P P P P P P

P P P P P P P

p p p p p p p

p p p p p p p

p p p p p p p

p p p p p p p

p p p p p p p

p p p p p p p

p p p p p p p

COLOR IT.

TRACE IT.

a a a a a a a a a

a a a a a a a a a

a a a a a a a a a

a a a a a a a a a

a a a a a a a a a

a a a a a a a a a

COLOR IT.

TRACE IT.

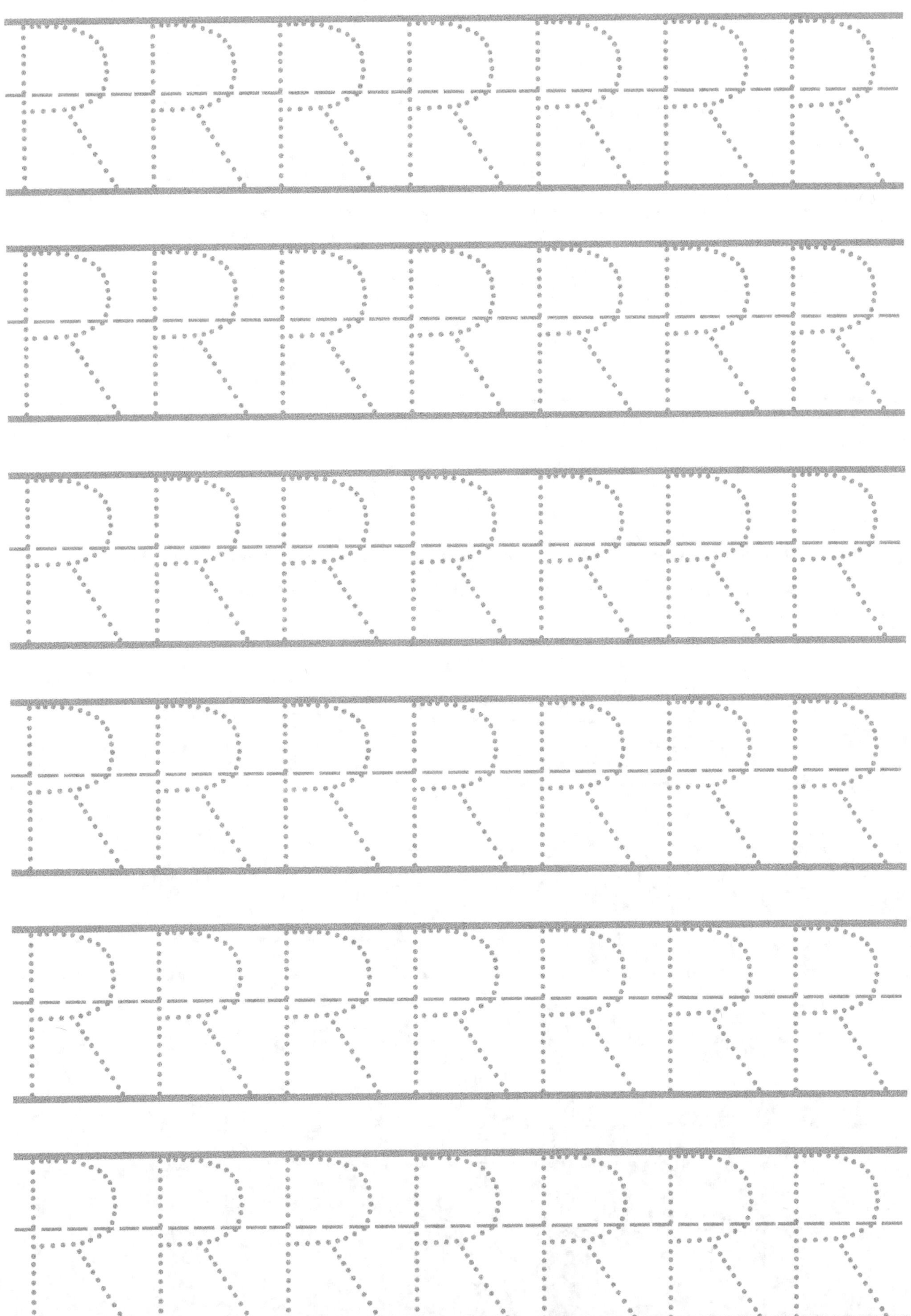

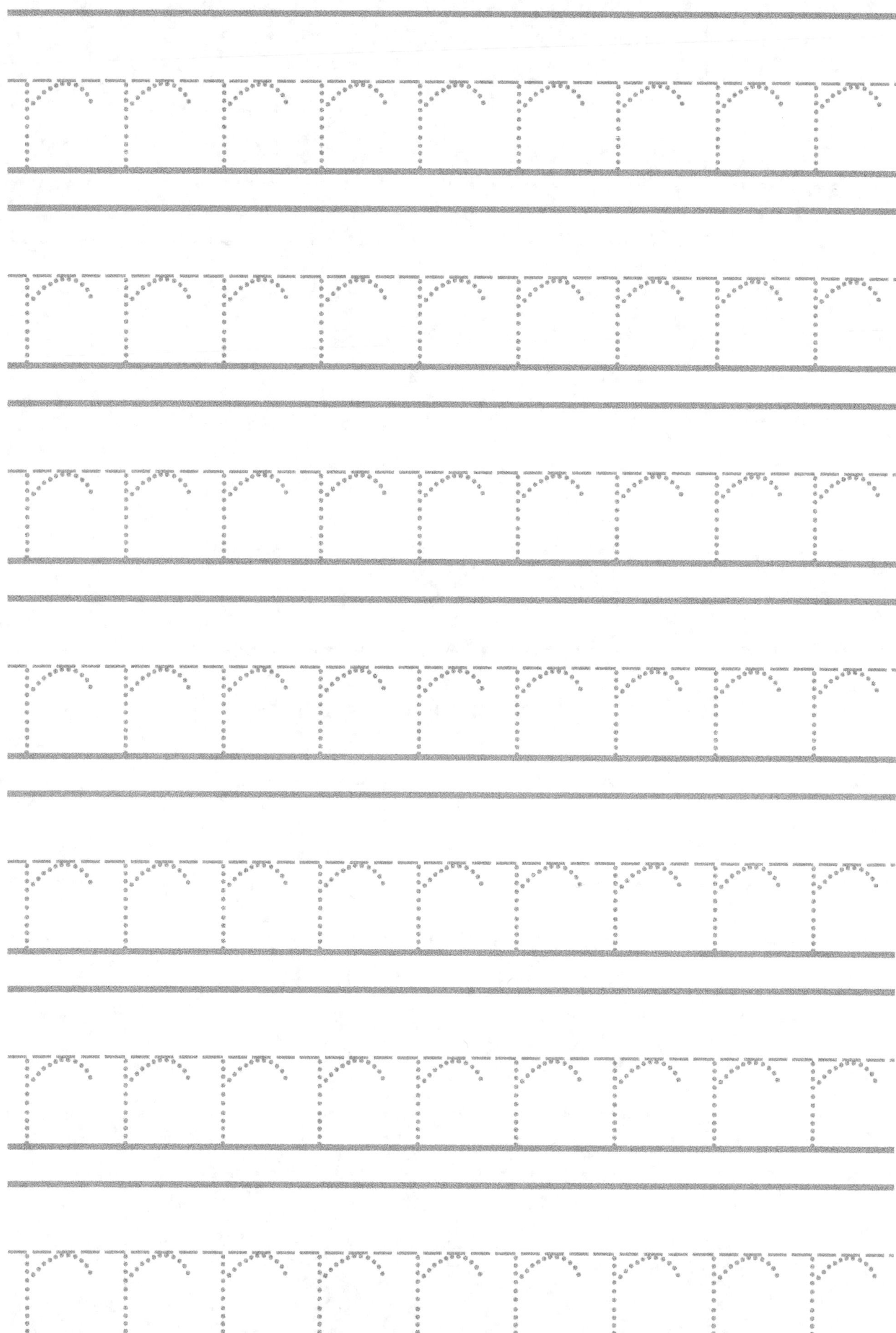

COLOR IT.

TRACE IT.

S S S S S S S S

S S S S S S S S

S S S S S S S S

S S S S S S S S

S S S S S S S S

S S S S S S S S

S S S S S S S S

S S S S S S S S

S S S S S S S S

S S S S S S S S

S S S S S S S S

S S S S S S S S

COLOR IT.

TRACE IT.

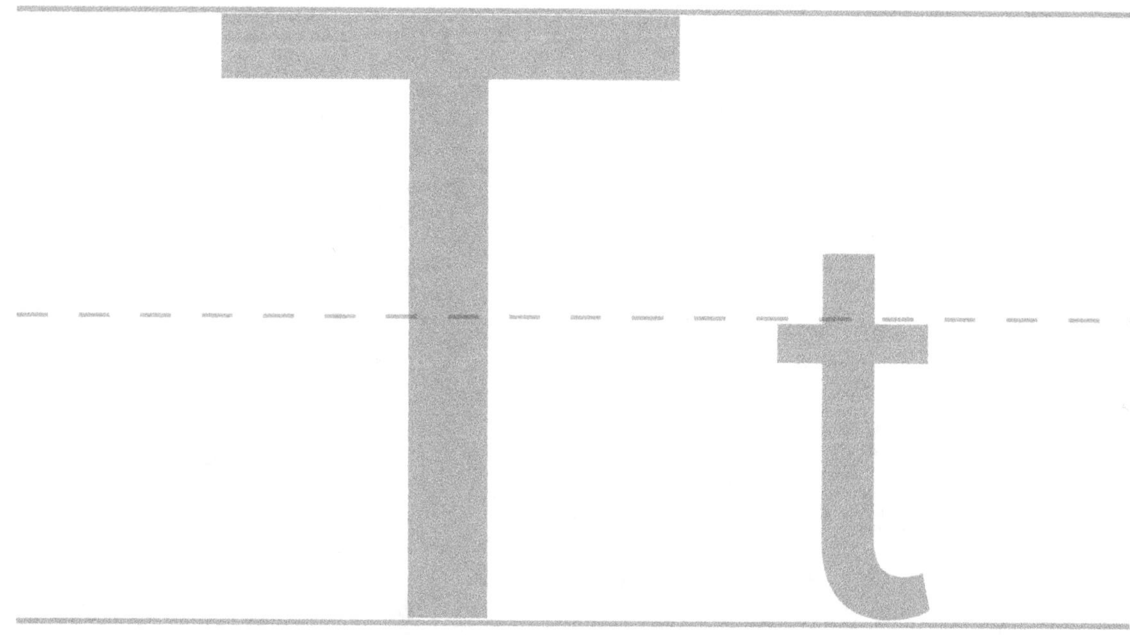

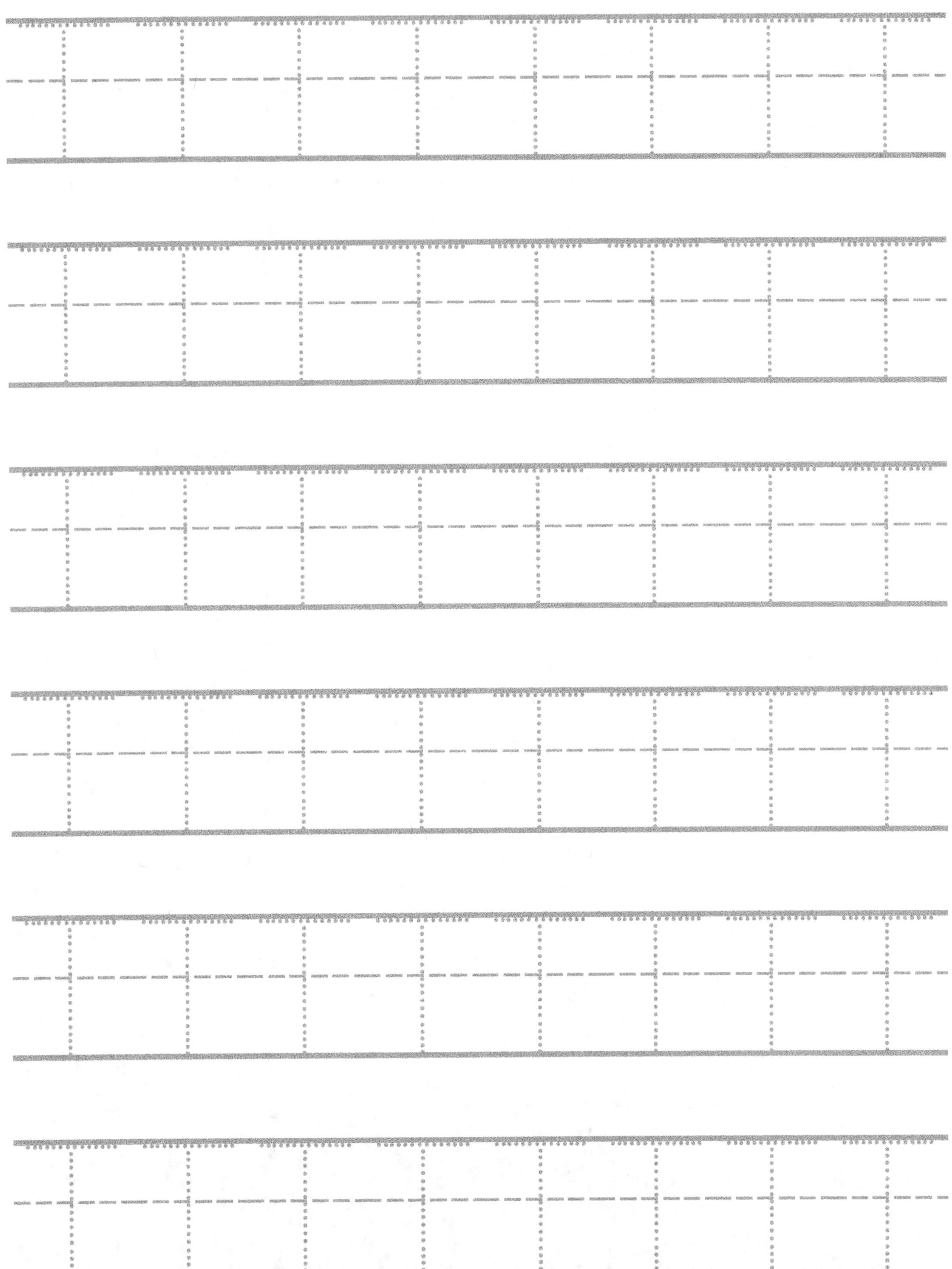

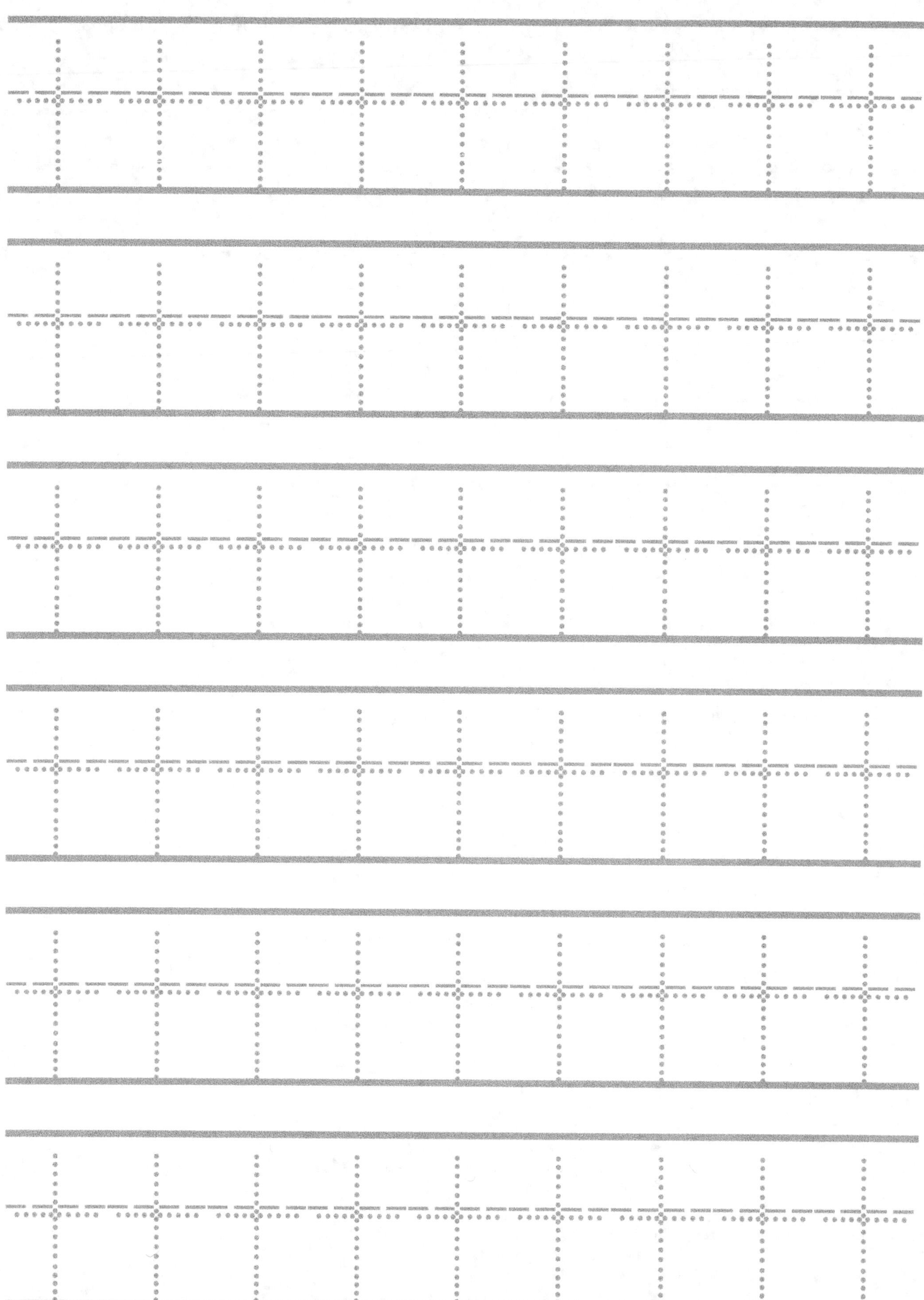

COLOR IT.

TRACE IT.

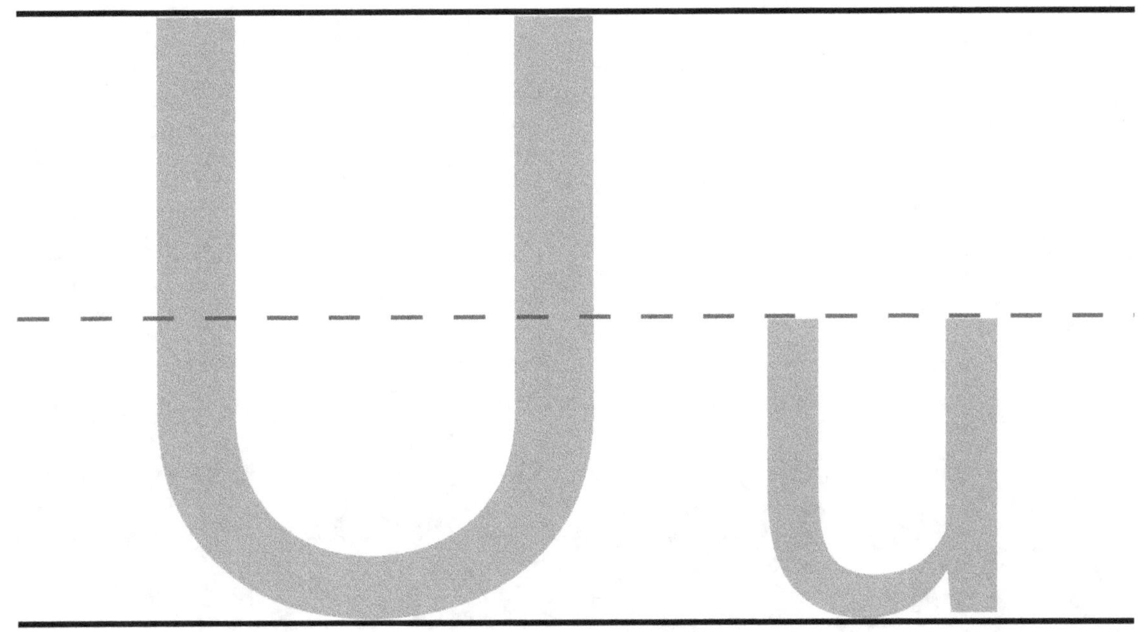

COLOR IT.

TRACE IT.

COLOR IT.

TRACE IT.

COLOR IT.

TRACE IT.

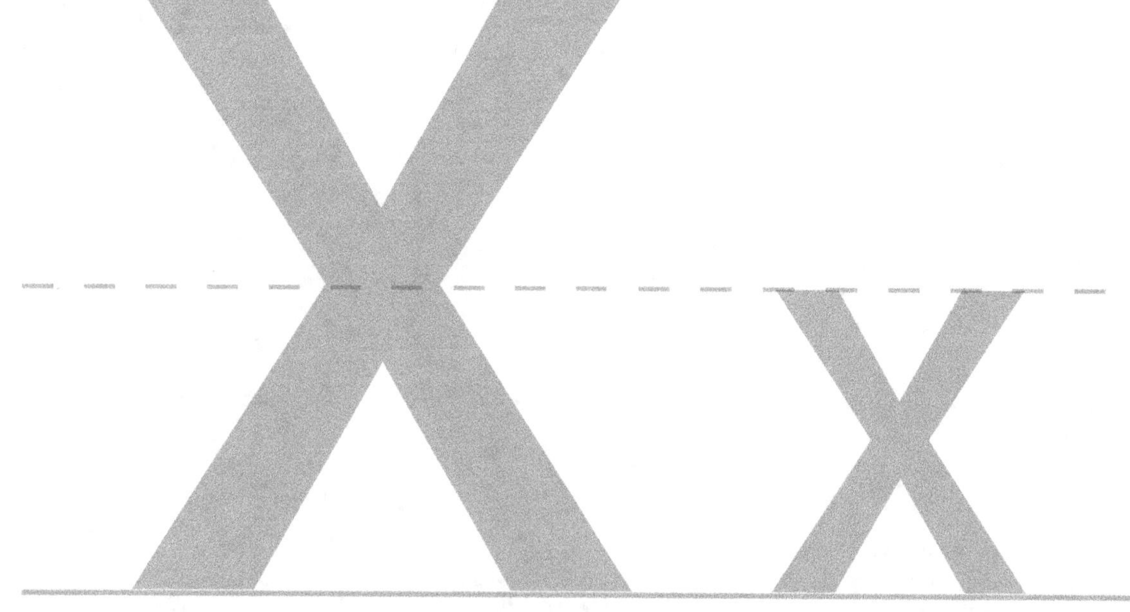

COLOR IT.

TRACE IT.

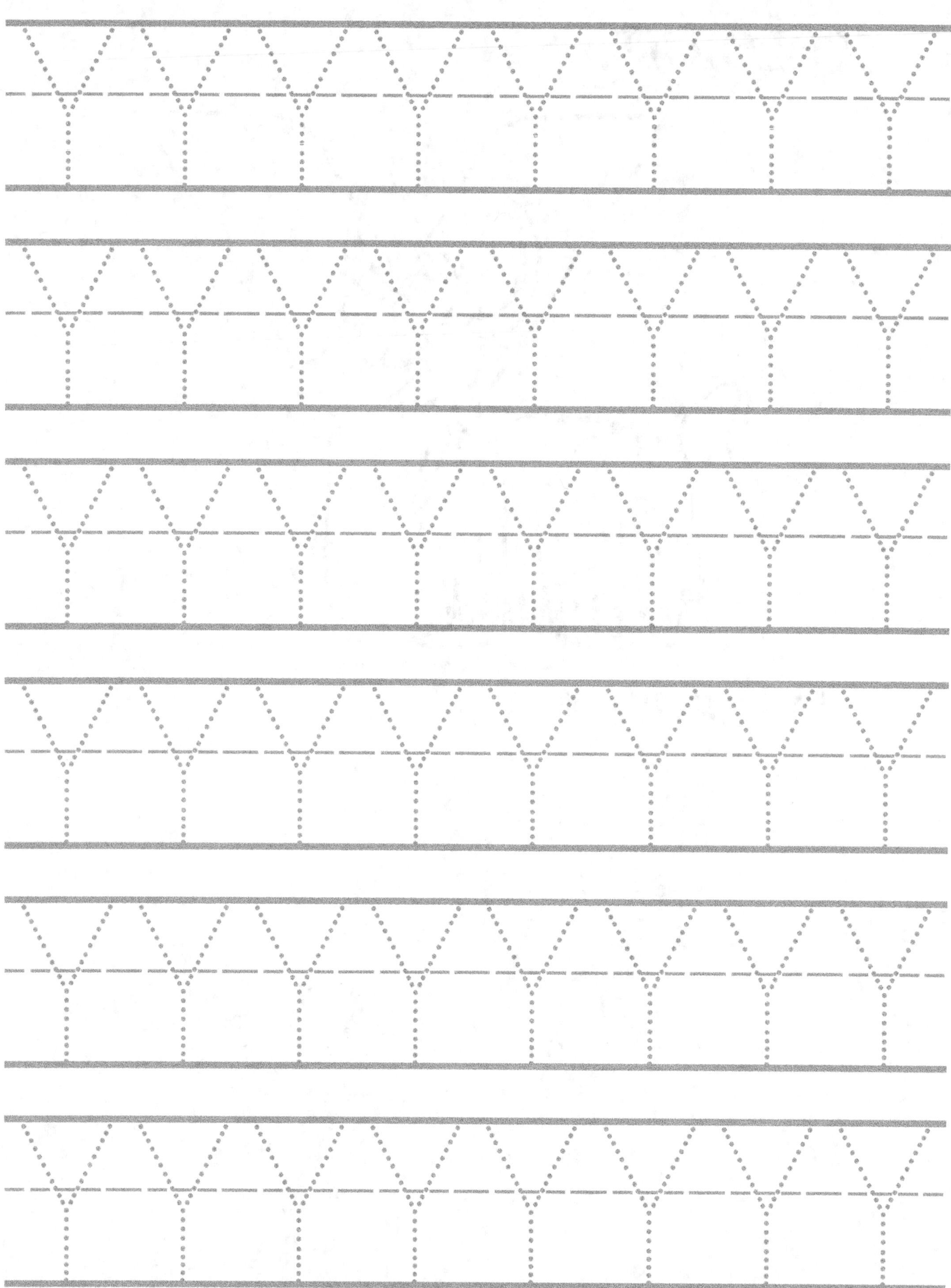

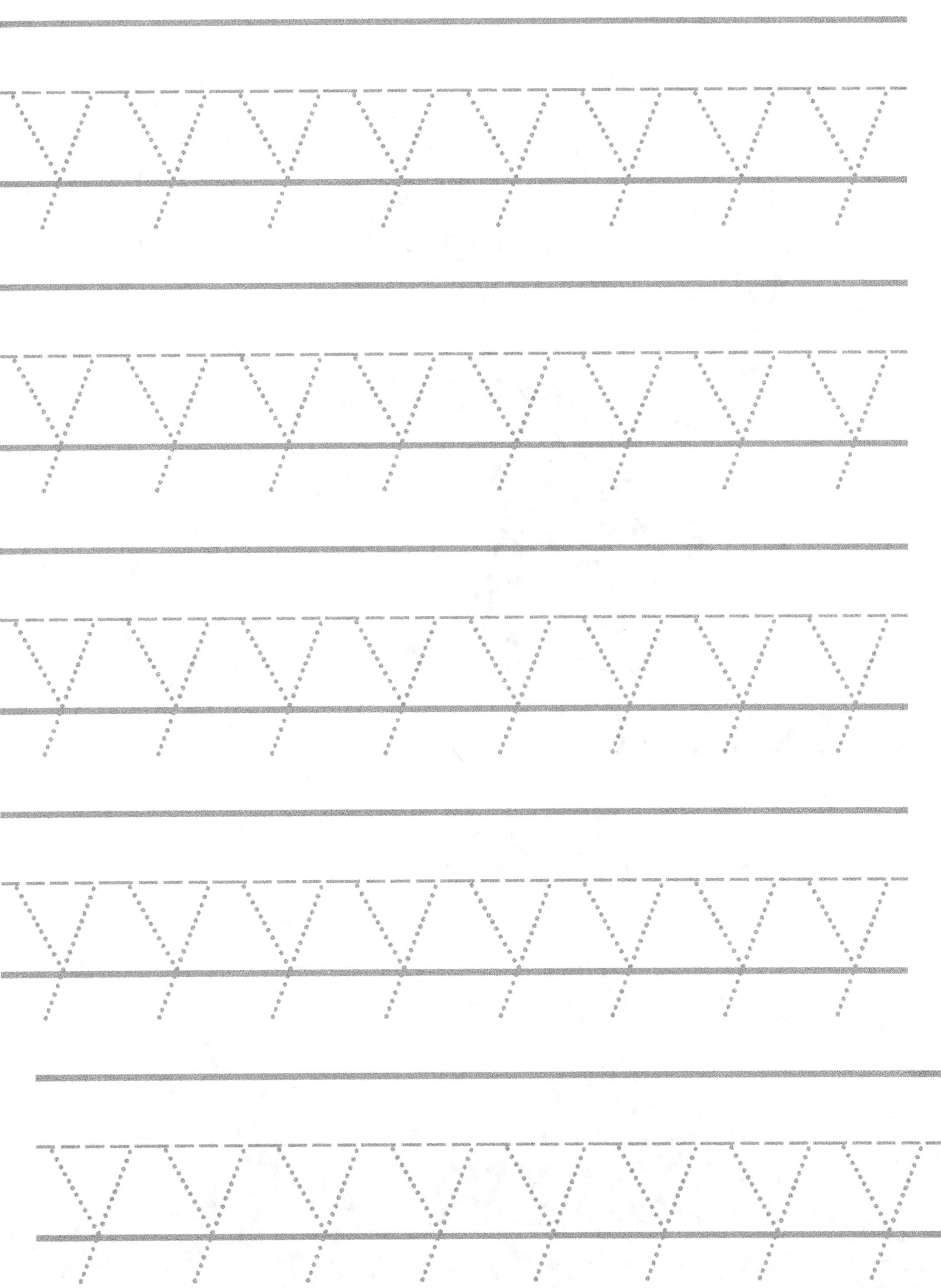

COLOR IT.

TRACE IT.